【诸子如是说】系列

孟子原来这样说

姜正成◎编著

中国华侨出版社
·北京·

图书在版编目（CIP）数据

孟子原来这样说 / 姜正成编著 . — 北京 : 中国华
侨出版社 , 2012.5（2024.1 重印）
ISBN 978-7-5113-2280-7

Ⅰ . ①孟… Ⅱ . ①姜… Ⅲ . ①孟轲（前 390 ～前 305）
—哲学思想—通俗读物 Ⅳ . ① B222.5-49

中国版本图书馆 CIP 数据核字 (2012) 第 058841 号

●孟子原来这样说

编　　著：姜正成
责任编辑：崔卓力
版式设计：丽泰图文设计工作室 / 桃子
经　　销：新华书店
开　　本：710 mm × 1000 mm　1/16 开　印张：16　字数：228 千字
印　　刷：三河市嵩川印刷有限公司
版　　次：2012 年 5 月第 1 版
印　　次：2024 年 1 月第 3 次印刷
书　　号：ISBN 978-7-5113-2280-7
定　　价：48.00 元

中国华侨出版社　北京市朝阳区西坝河东里 77 号楼底商 5 号　邮编：100028
发 行 部：（010）64443051　　　传　　真：（010）64439708
网　　址：www.oveaschin.com　　E－mail：oveaschin@sina.com

如果发现印装质量问题，影响阅读，请与印刷厂联系调换。

前 言

　　孟子，名轲，字子舆，战国时邹地（今山东省邹城）人。战国时期鲁国人，鲁国庆父后裔。中国古代著名思想家、教育家，战国时期儒家代表人物。著有《孟子》一书。孟子继承并发扬了孔子的思想，成为仅次于孔子的一代儒家宗师，有"亚圣"之称，与孔子合称为"孔孟"。

　　孟子不管在做人还是在治国之道上，都说过诸多划时代的贤言名句，对我们的现实人生有着重要的指导意义。孟子在两千多年就喊出了"民为贵，社稷次之，君为轻"的治国原则，认为一切要以民为本，把人放在治国的首位，人是实行仁政的基础。在个人修养方面，孟子要求人要有"乐以天下，忧以天下"的胸怀，有"当今之世，舍我其谁"的气概，要有"至刚至大的浩然之气"，做一个"贫贱不能移，富贵不能淫，威武不能屈"的大丈夫。在对人的管理上要"以德服人"，民众才能"心悦诚服"。孟子认为，民心的向背，是决定一个国家兴衰成败的关键因素，"得民心者得天下。"在天、地、人三者关系中，"人和"是至关重要的，"天时不如地利，地利不如人和"，所谓"人心齐，泰山移"，"人和"就是"仁"的一种体现，还有"仁得天下，不仁则失"、"得道多助，失道寡助"等等。

　　孟子的这些在滔滔历史长河中至今还散发着智慧光芒的至理名言，在历史上产生了深远影响，对我们如今提倡的以人为本，构建和谐社会是一个极大的启示。

　　著名诗人韩愈曾说："求观圣人之道，必自孟子始。"然而，在现代生活中，忙碌的人们却很少有时间或有心情去细品这博大精深的千年智慧。为此，我们将经典再现，从中精选了一些最具启发性的贤言名句，进行通俗而生动的解读，编写而成《孟子原来这样说》这本书。

　　本书分孟子的经典名句、注释以及对后人的启发三个部分去解读孟子，为读者详尽地再现了孟子关于王道、用人、仁爱、伦理、挫折、气节、谋略、创新、变通等几个方面的重要思想。帮助读者轻松品味经典的魅力，也为读者深入思考人生指引了一条门径。

　　经典是前人鲜活的生命体验，虽经历了千百年，对今天的生活仍具指导意义。本书以《孟子》为基础去观察孟子的思想，以质朴、平易而又富于启发性、感染力的语言，带领大家去感受孟子的深刻观点，分享孟子的大智慧，体会孟子思想对现实人生的启示。

目　录

第一章　民贵君轻——孟子这样说王道

孟子宣传王道，认为"仁者无敌"，君主不推行"仁政"，非不能也，是不为也。孟子把人民看作是国家政治的根本，"民为贵，社稷次之，君为轻"，"保民而王，非之能御也。"要想统治稳定，首先要让百姓安居乐业，孟子明确提出了只有"保民"，才可以"王"天下的思想。孟子的王道思想不论在治国还是企业管理方面都有着划时代的意义。

第二章 尊贤使能——孟子这样说用人

孟子在《公孙丑上》中说"贵德而尊士，贤者在位，能者在职"，孟子认为尊贤使能是推行仁政的重要措施之一。可见，早在两千多年前，孟子就认识到了人才的重要性。的确，人才是企业的核心，是21世纪最宝贵的资源，任何企业单位都必须重视人才，把人才放在最能发挥其特长的地方，使之能够最大限度地为企业服务。

第三章 仁者无敌——孟子这样说仁爱

孟子是彻底的性善论者。他坚信："人无有不善，水无有不下。"人性天生就是善的，就像水必然由高处向低处流一样。"仁也者，人也。"孟子认为仁即是人的本质、本心。"仁，人心也。"仁，其实就是人心。只要能保留人的本性，那就会像爱自己的亲人那样去"仁民"，就会推恩于所有的人。

第四章　长幼有序——孟子这样说伦理

性善论是孟子伦理思想的基础，他继承了孔子确立的孝悌为本，仁者爱人的家族主义伦理观，并进一步将其推行和应用到社会政治生活中，孟子认为君主只要善于推恩，便能运用家族主义伦理治理天下，"老吾老，以及人之老；幼吾幼，以及人之幼，天下可运于掌。"孟子的这一思想对于我们现代人的为人处世有着极大的启示。

第五章　威武不屈——孟子这样说气节

气节，是指做人的品质、志气和节操。气节是做人的基本原则，体现了人的尊严。孟子对于气节有着精辟而独到的诠释，孟子说："我善养吾浩然之气。"他把这种有气节的人描述为："富贵不能淫，贫贱不能移，威武不能屈，此之谓大丈夫。"气节是中华民族的瑰宝，闪耀着晔然的光芒，我们也要培养这种大丈夫气节，以显个人之魅力，以正社会之风气。

第六章 通权达变——孟子这样说创新

孟子曰："此一时，彼一时。"世间万物都是发展变化的，尤其是当今这个飞速变革的时代，科技在飞速发展，环境在不断改变，国内国际市场也在不断地更新变化，这一切都向我们提出了新的挑战。应对这一切挑战的秘诀就是创新。只有不断创新，勇于变革才能不断地适应市场，赢得竞争的胜利。

第七章 运筹帷幄——孟子这样说谋略

所谓谋略，是指计谋策略。推行仁政的孟子主张以德服人，但也要顺势而为，善抓时机，"虽有智慧，不如乘势，虽有镃基，不如待时。"孟子认为凡事要运筹帷幄，做事要勇敢踏实，并懂得选择，"无以小害大，无以贱害贵。""二者不可得兼，舍鱼而取熊掌者也。"这些思想精华对于现代的我们而言都有着借鉴意义。

第八章　生于忧患——孟子这样说挫折

挫折是成功的前奏，挫折是生命闪亮的宝石，挫折能激发人的无限潜能。正如孟子所说："故天将降大任于斯人也，必先苦其心志，劳其筋骨，饿其体肤，空乏其身，行拂乱其所为。"孟子还说"生于忧患，死于安乐"，因此，我们的生活需要挫折，所有的成功者有一个共同特点，那就是在挫折中奋起，越挫越勇、百折不挠。

第一章 民贵君轻

——孟子这样说王道

孟子宣传王道，认为"仁者无敌"，君主不推行"仁政"，非不能也，是不为也。孟子把人民看作是国家政治的根本，"民为贵，社稷次之，君为轻"，"保民而王，非之能御也。"要想统治稳定，首先要让百姓安居乐业，孟子明确提出了只有"保民"，才可以"王"天下的思想。孟子的王道思想不论在治国还是企业管理方面都有着划时代的意义。

以人为本，员工至上

【原典】

民为贵；社稷次之；君为轻。

——《孟子·尽心下》

【古句新解】

百姓最高贵；然后是国家；国君最不重要。

百姓是最为重要的，代表国家的土谷之神为次，君主是最为轻的。

自我品评

这是孟子的一个重要政治思想——百姓的地位最为重要，国家的地位为其次，君主的地位最轻。

有一次，孟子和梁惠王见面的时候，梁惠王正在王室的大园林中散心游览。梁惠王站在一个大池沼上，抬头看看在树梢上栖息飞翔的鸿雁、野雁，低头看看园中安详的小鹿。从宫里出来，接触到大自然的景象，心里觉得舒畅而快乐。于是再看看孟子，然后对孟子说："讲究仁义道德的贤人先生们，是不是也喜欢这种园林风光？是不是也喜欢这些珍奇的飞禽走兽？"

尽管梁惠王的问话中，包含了轻视的味道，而孟子的对答，还是持着郑重的态度，还是很严肃的，他用单刀直入，似教训非教训的口吻告诉梁惠王说："一个贤者，是要等到天下太平，大家都享受到安乐的生活之后，才会去享受这种园林的乐趣。可是一个不贤的人，即使有了这样的园林，也不会有真正的快乐，而且更不能永远享受。"

其实孟子这里讲的是作为领导，要心中有民众，才能从中体现自我。

没有一个领导是只领导自己的，他需要追随者，他吸引追随者，他也在改变追随者。那么是什么力量调和着领导者与被领导者，使人们愿意追随于他，从而使领导得以脱颖而出，并能成为引领别人前进的力量呢？

领导不仅是在引领众人前进，更多的是在引领自己的理想。然而，要让自己的理念为人所接受，使人追随，那么这个理念就必须符合他人的理念。使人感觉好像出于自己的心愿却又高于自己的能力，他们就渴望有人来领导他们，因为他们知道领导高于自己而又能接近自己，所以愿意尽心追随。

卢梭说："人生而自由平等"。领导不是天生的，他来自于民众，所以，作为领导应让自己清楚，自己也是民众中的一员。每一个人都能成为领导，因为别人才能成就自己。

以人为本的企业管理正在成为许多企业的目标，但事实上，要真正做到以人为本，并不是轻而易举的事情，它包括对员工真正的关心和尊重，平等地对待公司中的每一个人。让每个员工都感到命运掌握在自己的手中，能充分发挥自己的能力并实现自己的价值，而由此激发出的劳动热情将是无穷无尽的。

惠普很早就已经开始实践"以人为本"的企业管理。早在20世纪40年代，公司的两位创始人休利特和帕卡德就下定决心，不让惠普成为一家只会"雇用人和解雇人"的公司。在当时那个电子工业还完全依赖政府支持的年代，这种提法是非常鼓舞人心的。后来，在20世纪70年代经济衰退时期，当公司的生意遭到严重打击时，休利特和帕卡德这一集体经受住了考验，他们并没有解雇员工，而是对包括自己在内的公司全体员工减薪10%，同时每人减少10%的工作时间。就这样，惠普在没有牺牲任何一个员工的情况下，成功地经受住了衰退期的风风雨雨。

惠普的这一用人哲学不但实行得早，而且还在不断地自我更新。公司的目标总是在改写和再版，并附上公司哲学的重申之后交给公司的每名员工。公司目标的第一句话就是："一个公司所取得的成就是每个人所取得的成就联合起来的结果。"惠普强调自己对那些富有创新精神的员工的承诺，这一哲学一直被认为是惠普取得成功的直接驱动力量："首先，我们公司到处都应有能力很强且富于创新的员工。第二，公司的各个阶层都应有激发员工热情的目标和领导。处于重要领导岗位的员工应该不仅能够激发自己的热情，他们在激发合作者的热情方面的能力也应是经得起挑战的。"修订后的公司目标陈述的导论总结道："惠普不应是一个紧张的、军事化的公司组织，而应是这样一家公司，员工们享有自由，并能选择最适合他们各自责任领域的方式去实现总体目标。"

从惠普公司实行的"开放式实验仓库"政策中就可以清楚地看出惠普对其员工是何等的信任。在惠普，实验仓库是用来保管电子和机械元部件的地方。这一政策意味着惠普的工程师们不仅可以自由动用这些设备，甚至还被鼓励把它们带回家去供私人使用。这个政策的主旨就在于，不管工程师们动用这些设备的目的是否与其工作的项目直接相关，他们的上司相信，通过在工作场所或家中摆弄一下这些设备，这些工程师会从中学到东西，并由此履行了公司致力于创新的承诺。曾有这么一个传说，有一次，休利特在星期六来视察一个车间，发现实验仓库区的门被锁住了。于是他立即到维修间取来钳子，接着就把仓库的门给撬开了。星期一一早，人们发现了他留下的一张字条，上面写着："请别再锁上这道门了。多谢合作！比尔。"

总之，惠普公司最与众不同的特征是始终如一地坚持"以人为本"

的企业精神，维持对自己承诺的一贯性以及其办事方法与态度的连续性。因此，无论在惠普的哪个部门，人们都能从看到员工们谈论他们公司的产品质量的言语中感觉到他们对自己所取得的成绩是何等的自豪。而正是这种永无止境的精力和热情，才使惠普能获得众多令人瞩目的成功。

企业的活力归根结底来源于人，企业管理的中心也是人。"以人为本"不是一句口号，其关键在于如何在企业文化建设中具体地体现和落实。

1. 要做到对内以员工为本，对外以顾客、用户为本

二者紧密联系，缺一不可，这样才能促进企业发展。

2. 要突出员工在企业的主体地位，全心全意依靠员工办企业

企业的构成主体是员工，他们是企业发展快慢、生产水平高低的决定因素。特别是在市场经济条件下，员工是企业构成的主体，更是企业的主人，因此，以人为本就要全心全意依靠员工办企业。这样员工才会真正感到自己是主人，才会真正体现出"乐在工作"的价值观。

3. 要把培养、造就员工成才列为企业发展的目标

企业的发展取决于人才的成长。因此，企业发展的目标不仅要包括经济发展和效益增长，还要包括提高员工的素质，培养造就企业人才。

4. 创造良好的人际环境和企业环境

不断疏通和理顺各种关系，为各类人才得以展示其才，创造良好的人际环境和企业环境。员工能动性的发挥，创造性成就的取得，往往会受到各种因素的制约和影响，其中企业文化和人际环境的和谐与否至关重要。因此，企业一定要创造良好的人际环境，使每个员工工作顺心和舒心，这样员工才会有一种发自内心的自豪感和责任感。

与民同乐才是王道

【原典】

乐民之乐者，民亦乐其乐；忧民之忧者，民亦忧其忧。

——《孟子·尽心上》

【古句新解】

以百姓的快乐为自己的快乐者，百姓也会以国君的快乐为自己的快乐；以百姓的忧愁为自己的忧愁者，百姓也会以国君的忧愁为自己的忧愁。

自我品评

在孟子的仁政思想中，重要的一条就是要与民同乐，孟子曾劝诫过梁惠王等一些国君要做到"与民偕乐"，跟老百姓一起快乐，这样就称得上仁政了。

治国如此，企业管理亦如此。在人事管理过程中，"与民同乐"是非常重要的一条，给员工快乐也就是给企业快乐。

松鼠、针和手套在一起，它们生活得很和睦。有一天，它们一起到森林里去找好东西。松鼠和手套并排走着，针跟在它们后面一蹦一跳地往前赶。

它们走了很久很久，没有找到任何好东西，三个朋友很不高兴。突然，针发现了一个小水塘，他高兴得叫了起来：

"松鼠、手套，你们快来呀！我找到了一个好东西，你们快来看呀！"

松鼠和手套飞快地跑过去，以为针找到了什么好东西。可是过来一看，原来是个小水塘。他们非常失望，对针说："你就找了这么个东西？"

"是啊，"针回答说，"难道你们还嫌少吗？"

"哎呀，你也太少观多怪了，就为了这么一个小水塘还把我们叫过来看！"松鼠和手套带着一肚子怨气回去了，针也跟在它们后面一跳一蹦地回了家。

第二天一早，它们又一起到森林里去。松鼠和手套在前面走，针跟在它们的后面。它们走了很久很久，后来，针发现了一个树桩，又像昨天一样叫了起来：

"松鼠、手套，你们快来呀！我找到了一个好东西，你们快来看呀！"

松鼠和手套以为针真的找到了什么好东西，就急急忙忙跑过去，没想到，原来是一个烂树桩。他们火冒三丈，真想把针敲扁了！后来，他们总算和解了，松鼠和手套在前面走，针跟在他们后面，又一起回了家。

又过了一夜，天刚蒙蒙亮，三个朋友就在一起商议："我们已经扑了两次空，还值不值得再到森林里去一趟呢？"商量来商量去，决定还是再去试一试。松鼠和手套还在前面走，针还是一跳一蹦地在后面跟着。前面的伙伴又是什么都没有找到。

针独自在后面东找找，西看看，它跑到一大片沼泽地，用它的一只眼睛细心地观察，终于发现了一头鹿，它立即躲到草丛里。鹿过来吃草了，针也被它吞到了肚子里。

针在鹿肚子里到处戳，这头鹿终于疼死了。针又从鹿肚里爬了出来，大声地喊道：

"松鼠、手套，你们快来呀！我找到了一样好东西，你们快来看呀！"

松鼠和手套听到针又在叫它们，生怕再次受骗，互相商量说："要是他真的找到了好东西，我们就去看。可是，谁知道他这次是不是又在撒谎呢？"

它们最终认为还是眼见为实，决定还是再去看一看。到了那里，看到一头死鹿，他们喜出望外。手套围着这头鹿看了又看，松鼠溜溜圆的眼睛也转个不停，对针找到的这件好东西赞叹不已。针对他们说："我已经把鹿戳死了，现在该你们去煮了！"

松鼠和手套连连点头，开始忙碌起来。松鼠咬碎了老树桩，手套提来了水塘里的水，针找到的三样东西都派上了用场。篝火熊熊，不一会儿，鹿煮熟了，他们一起吃了一顿美餐。

针前两次找到东西不但没得到朋友的支持，反而受到朋友的厌恶，当它第三次找到吃的后，它还是把朋友叫来分享，针是很讲"哥们义气"的。当然，我们不提倡在企业内部搞什么哥们儿义气，我们提倡的是要懂得与员工与下属分享成功分享快乐。

在企业管理中，一旦自己有了快乐，千万别忘了与员工一起分享。只有快乐的员工才会有工作的激情与动力。

公司所有人都知道海因茨要去佛罗里达旅行。大家对他说："好好玩一玩，您太累了，一年365日都没见您轻松一回。"

不久，旅行的海因茨回来了。

"怎么这么早就回来了？"一位员工说。

"你们也不在，没有多大意思。"他对大家说。

海因茨指挥一些人在工厂中央安放了一只大玻璃箱，员工们纳闷地过去看，原来里面有一只大家伙，是短吻鳄，重达800磅、身长14.5英尺、年龄为150岁。"怎么样，这个家伙看起来还好玩吧？"

"好玩。"许多人都说从来没有看到过这么大的短吻鳄。

海因茨笑呵呵地说："这个家伙是我佛罗里达之行最难忘的记忆，也令我兴奋。请大家工作之余与我一起分享吧！"

原来，海因茨是为员工们买回来的。这个海因茨不是一般的人，他就是亨利·约翰·海因茨。

1900年，亨氏公司的产品种类超过了200种，跃居美国大公司的行列。最后经过几代人的努力，亨氏公司的产品不只是人们印象中的婴儿营养奶粉、婴儿营养米粉，只就美国而言，亨氏公司的产品已经渗透到美国人的每一间厨房、每一张餐桌———罐装金枪鱼、青豆罐头、泡菜、芥末粉等，成为美国人生活的组成部分。

一个企业要卓有成效地成长，完全取决于领导与员工的相处能力。而作为一个员工和领导共享快乐也是他们最大的幸福。

"民为邦本，本固邦宁"，可见中国的传统观念很有道理，没有土地没有人民，哪里会有国家呢？没有顾客没有员工，哪里会有企业呢？希望国家安定，首先就要让人民得到安居乐业的机会；要想让企业走得远，就要心系员工，让员工快乐工作。

得民心者得天下

【原典】

民之望之，若大旱之望雨也。

——《孟子·滕文公下》

【古句新解】

民众盼望他们的到来，就像是久经大旱的地方期待下雨一样。

自我品评

　　民众之所以盼望商汤像久旱的地方期待下雨那样迫切，是因为他们的国君葛伯不义，而商汤是一个仁义的国君，民众自然是想推翻失去民心的、不义的国君，让一个得民心的、仁义的国君来治理天下。孟子在此再次强调了自己的仁政思想——得民心者得天下。

　　对于现代企业的管理者来说，要想得到民心，得到员工对企业和自己的高度认同，那么要做的首要任务就是赢得员工的心，让他们感受到自己在企业中是受到重视的，自己的价值是可以通过所在企业得以彰显的。这就需要管理者关心员工、尊重员工、尊重员工的工作。

　　两名旅客遭受到太阳的灼晒。正午时，他们在一棵大槐树下休息。一名旅客对另一名旅客说："槐树真是百无一用啊，既不能结果实，对人类也没有其他的实际利益。"槐树非常生气地说："真是忘恩负义的家伙，你在我的树荫下乘凉，享受我送给你的好处，嘴里却说我毫无益处！"

这给了管理者一个启示：对员工的成绩一定要给予肯定，千万不能妄下评论，那样会伤害员工的心。给予员工一分的肯定，你获得的将是员工十分的工作热情。

尊重你的员工是企业经营管理人员必须学会的一门功课。事实上，我们有一些领导者并没有做到尊重员工，甚至有极少部分人不是真心的。

提到尊重，不得不提的便是对他们工作的尊重了，无论他们的工作在领导者眼里看起来多么的不值一提，但它都是组织中不可缺少的一个环节，而且他能做得很好，就要另眼相看。尊重员工的工作成果，也许在你看来微不足道，对他来说或许却是尽了很大的努力，此时，你都应当给予积极的肯定和鼓励。

还有很重要的一点，即要尊重他们的工作方式以及思维习惯。我们的每位员工，他的文化背景不同，成长环境的不同，家庭教育的不同，都可能造成个人工作方法的不同。一个企业领导应该注意到员工的工作效果，而不只是工作方式方法。要和他们多沟通，多鼓励他们发表自己的见解，在不影响总体目标和成果的前提下，给他们一定的空间按照自己的想法去做，这样，他们无疑会喜爱他们的工作、他们的团队。

我们都知道被称为"全球第一CEO（首席执行官）"的杰克·韦尔奇，他在通用电气二十年的任期内，将通用电气集团带入了辉煌。他所写的自传还被全球经理人奉为"CEO的圣经"。

而在韦尔奇接手通用电气之前，他只是集团一个分公司的经理，他是凭借什么获得后来的成就呢？让我们回顾一下韦尔奇在做中层管理者时的经历：

当时他负责的分公司存在一个很大的问题，就是采购成本过高，几乎威胁到分公司的生存。韦尔奇为此头痛不已。后来他想到了一个很好的方法，不仅解决了成本问题，而且还给公司创造了很大的效益。

韦尔奇专门在自己的办公室里安装了一部单独的电话。这部电话对外不公开，专供公司的采购人员使用。只要某个采购员从供应商那里赢得了价格上的让步，他就可以直接打电话给韦尔奇。

此时，无论韦尔奇在做什么，哪怕是在谈一笔100万美元的生意，他都会立刻放下手头的工作接电话，并且说："这真是太棒了!"然后还会给这个采购人员起草一份祝贺信。

这方法看似简单，却非常有效。通过这种直接的沟通和鼓励，让采购人员感受到工作的重要性与荣誉感，使得采购人员的工作热情大幅上升。没过多久，公司的采购成本就降下来了。节约成本就是创造效益，韦尔奇用这种办法创造的效益，不仅体现在节约成本上，更体现在对员工产生激励作用上。员工是公司的基础，员工的积极性在很大程度上决定了公司的效益。韦尔奇的电话不仅给公司带来了效益，更让员工感到自己的工作得到了尊重，工作的积极性自然就提高了，由此产生的凝聚力、向心力，更使公司一本万利。

韦尔奇正是明白了这个道理：尊重员工、尊重员工的工作，就是尊重自己、尊重公司，这样不但使公司获得了短期的经济效益，更为公司赢得了长久的人力资源效益。

我们要学会尊重和关心员工，并在这方面下功夫，领导者可以试着从以下几个方面做起。

1.打破等级观念

尊重你的员工，就要把自己和员工放在一个平等的位置。领导者要尊重员工，并经常同他们进行开放式的沟通，用这种办法来使团队中的每一位成员都感觉到自己在公司的重要性。

2.平等对待每位员工，尽量做到公正

管理者应该认识到，每位员工的付出都是组织所必不可少的，他们对组织的存在和发展具有同样重要的作用。无论是对谁好，都会影

响到某些员工的工作积极性，只有做到一视同仁，才能充分调动所有员工的积极性。

3.尊重底层员工的工作

作为一名管理者，如果你能善待每位员工，将每位员工的工作都看作是很重要的事情，尤其是那些不被人重视的底层员工的工作，那么你的亲和力就会体现得更加明显。

4.充分信任你的员工

自信和责任受制于主观和客观两个方面，领导的信任是一个很重要的客观条件，领导的信任是提升员工自信心和责任感的重要因素。

5.不轻易辞退员工

不轻易辞退员工有利于培养员工的归属感。员工能够对组织产生归属感，其前提就是组织能把员工当作自己的孩子，不会随意舍弃他们。

6.尊重辞职或离职的员工作出的贡献

一个组织，如果连辞职和离职的员工都能尊重，那么，现有员工没有理由不相信他们能够得到足够的尊重和关心。

上述这些赢得员工内心的方式，做起来其实很简单，切入的角度也多种多样，关键的一点就是看管理者是否用心，是否愿意放下自己的身架真正走近自己的员工。

将心比心，体贴民情

【原典】

王如好货，与百姓同之。

——《孟子·梁惠王下》

【古句新解】

大王如果喜爱钱财，要想到老百姓也喜欢钱财。

自我品评

在这里，孟子通过比较来劝说梁惠王，希望梁惠王能将心比心，也知道老百姓的喜好。同理之下，管理者也应如此。在管理过程中，管理者要关心员工，将心比心，了解员工的喜好与需求。

职场中，很多老板抱怨自己的员工："怎么就你家问题多？""偏偏你家里出现这样的问题！""谁叫你家里出现这样的问题！"

在某一时候，一个公司也许只有某个员工的家里发生某一个问题，但是，家里发生这样那样的问题。老板不关心甚至埋怨员工，是不近人情的，更谈不上同员工友好相处与调动员工的积极性了。作为管理者，首先要理解每一个员工的家里都有一本难念的"经"，其次是要善于帮助员工念好这本"经"。

　　企业的管理者应该牢牢树立"以人为本"的观念。作为一个人，如果当你悲伤时，有人替你分忧；当你快乐时，有人与你共享喜悦。那么你会把他当作你的知己。作为一个公司，如果管理者对员工悉心关照，想员工所想，急员工所急，就会有非常大的功效。从人作为感情动物的特性来说，你关注我，我也会想着你，如果上升到企业的高度，那么这就会形成员工与公司荣辱与共，共同进退。

　　韩国十大财阀之一、鞋业大王梁正模就成功地做到了与员工忧乐与共，致使大家愿意与他共同进退。

　　早期，梁正模在他父亲公司里做事，主要处理公司与代理商之间的有关事宜。在他的工作中，他并没有把人与人之间的关系看成简单的相互利用，相反他总是特别真诚地对待别人，所以与那些代理商建立了良好的信任关系。梁正模突破了公司与代理商之间的"工具型"关系，更没有去算计别人，而是真心地和这些代理商交往。他总是能站在代理商的立场，替他们着想，充分照顾他们的利益。代理商们都愿意与他打交道。

　　这些人情资源成为梁正模创业初期的无形资产，而且这些无形资产迅速转化为有形资产。在他开始创业时，没有足够的资金，向银行贷款也很困难。以前的代理商们知道后，马上向他伸出援助之手，帮他渡过难关，这些分布在全国各地的代理商们筹足了钱，借给他，而且不要利息。在这些朋友的帮助下，梁正模的公司如期建成。

　　不幸的是，他的工厂又遭到了几次火灾。每次火灾后，他又奇迹般地站起来，这又是得益于代理商们的大力支持。

　　梁正模开办了自己的企业后，对员工也是关心备至。当他和工人接触时，总是问他们在工作中和生活上有什么具体困难。在获悉困难后，他总是想办法替他们解决。

　　他的工厂里有一位技师朴明镇技术高超，是梁正模多花了好几倍的薪水才请过来的。朴明镇的家乡在平壤，由于朝鲜半岛南北分裂，他与家人被迫分离。对亲人的思念，使他非常痛苦，面对这种状况，又无能为力，只有每天以酒解忧。梁正模知道这件事后，每天陪着他一起喝酒，到半夜才回家。这样的以人之忧为己忧，深深打动了这位技师，他晚上不再去喝酒了，而是把全部的身心都放在技术创新和技术改造上，使公司的产品在质量上大大提高，在竞争中处于领先地位。

梁正模的成功，在很大程度上是他处理人与人之间的关系上的成功。在韩国、日本、中国、东南亚等国家和地区，儒家文化的传统使得人与人之间重视亲情式的关系，这是一种良好的人员管理模式。

美国国际农机商用公司的老板西洛斯·梅考斯是一个坚持原则的人。一方面，如果有人违反了公司的制度，他会毫不犹豫地按章处罚；另一方面他同样能够体贴员工的疾苦，设身处地地为员工着想。

有一次，一位老工人迟到，而且喝醉了酒，梅考斯知道后，会同有关部门商议讨论，最后开除了这名工人。当他了解了实际情况后，及时采取了补救措施。

原来，这位工人的妻子刚刚去世，留下了两个孩子，一个孩子不小心摔断了腿，另一个孩子太小而成天哭闹，这位工人在极度痛苦中不能自拔，借酒消愁，结果误了上班。

梅考斯知道了情况后，当即掏出一大笔钱为这名工人解决实际困难，同时继续执行开除的命令，以维持公司的纪律，又将这位工人安排到自己的一家牧场当管家。这样做既保障了工人的生活，也赢得了公司其他职工的心，让全体员工都能全身心地投入到工作当中。

俗话说"老百姓的口气，皇帝的福气"，指的是只有老百姓认可的皇帝，江山才是牢固的，皇帝才会有福气。在企业管理中，员工的认同则是企业与老板的福气。作为一个管理者，能够时刻注意到员工的内心需求，能够将心比心，急员工之所急，忧员工之所忧，这样员工才能与你患难与共，他们才会充满激情，为企业的发展努力工作。

身居高位，德行第一

【原典】

惟仁者宜在高位。不仁而在高位是播其恶于众也。

——《孟子·离娄上》

【古句新解】

只有仁德的人才应该处于领导地位。如果不够仁德的人处于较高的位置，那么他就会把自己的罪恶传播给民众。

自我品评

孟子认为：具有"仁"的首要修养，是天子、国君必须具备的品质。强调统治者应以"不忍"之"仁"来治理国家，处于领导地位的，应该是有德有才的仁人、贤人，这当然是孟子那个时代的思想。但在今天看来，这一观点仍可以为我们所用，启迪管理者：强将手下无弱兵，只有优秀的管理者才能带出好的队伍。这就需要管理者提升自身的内在素养，树立自己的良好形象。

打造良好的形象，一方面要注重自己外在的形象，比如穿戴、举止、礼仪、与人交往等方面。另一方面还要不断提高个人的内在修养，一个人的内在素质必然反映在外在的表象上。

如何提高个人的内在修养呢？其中最重要的一条就是以德立身处世。

一个组织中，影响其成员积极性的因素有很多，诸如工资待遇、工作条件等。在各种影响因素中，领导者的个人品德是关键性的因素之一，它直接影响到领导者的可信度和感染力。作为领导者应该以德服人，以德服人是指靠个人魅力来赢得下属，使他们服从。那么，如何提高自己的道德呢？

(1) 谦和卑下

一个领导者之所以能做到这点，就源于对自己的正确认识。因为他知道一个人即使职位再高也没有傲慢和自负的理由；因为他总是很谨慎地看待自己的成就和能力；因为他明白所取得的成功，自己的作用只占一小部分，更多的则来自于员工的努力。所以，他才不会把自己无限地夸大。

(2) 抓住"拿自己开刀"的机会

任何一个领导者都难免出现这样或那样的失误。领导者抓住每一次拿自己"开刀"的机会，就可以让员工了解领导也和他们一样是个平凡的人，这样他们就不会期望有一个"高大全"的完美领导；同时，敢于拿自己"开刀"的领导，也会让员工从内心深处对其充满敬意，此外，这种做法还可以严肃纪律，成为全体员工的榜样。

(3) 敢作敢当，不文过饰非

真正成功的领导者敢于为自己的失误承担责任，接受惩罚。因为他们知道生活原本就是一连串的过失与错误，再仔细、再聪明的人也有犯错的时候。他们勇于反省过失、勇于承担责任。

当你不小心犯了某个错误时，最好的办法是坦率地承认和检讨，并尽快地对事情进行补救。绝对不能对此遮盖掩饰，或是把责任推给下属，试图造成"我的决定是正确的，只是下面的歪嘴和尚念错了经"的错觉。

（4）培养应变的勇气及智慧

领导者在管理工作中，要有根据事物的发展变化审时度势、果断做出应变措施。员工的工作行为往往受多种因素的影响，因此，领导者如何管理他们的工作行为，以及由此而调整工作计划、目标和办法都是领导者应变能力的体现。这是一种根据不断变化的主客观条件，随时调整领导行为的难能可贵的能力和智慧，也是确保领导者获得圆满成功的一个先决条件。

（5）"麻烦别人"足以激起对方的善意

"麻烦别人"实际上是一种正面的逆向思考，反而会激起对方的更多善意。适当地"麻烦别人"就可以加深和培养领导者和对方的善意，让对方喜欢自己。这是一种十分有用的管理策略。"麻烦别人"可以在双方的关系上产生强大而肯定的联结。从心理学的角度出发，我们可以得出这样的结论，麻烦别人所带来的人际关系的收益远远大于这种不愉快的体验带来的伤害。

（6）不要认为自己比别人高明

当上了领导，千万不能把自己孤立起来，更不要以为自己比别人高明，不能动辄以自己的头衔和地位压人，并借此对别人施加影响。

（7）守信，不承诺做不到的事

企业领导必须牢记，对下属许下的诺言一定要及时兑现，而且是完完整整、说一不二地兑现。即使一时达不到这种境界，也要让下属感觉到你在为你自己的诺言努力。如果做不到这一点，一开始就不要向下属做任何承诺。领导者要言必信，行必果，慎重承诺，谨言慎行。这样也会强化你在员工中的威望。

（8）成为优秀的领导者

很多情况下，企业的形象是通过其领导者来表现的。领导者的魅力越突出，企业所展示给世界的就越能够代表这种个人影响的穿透力。在他们身上，体现的是公司的精神魅力，在他们身上使公司精神中的人性化内容更加丰富。一位优秀的领导者在企业的发展中所发挥的巨大作用是他给企业带来的一种精神，一种可移植到每位员工身上的理念。

"内在素质"与"外在形象"一定要齐头并进，才能够培养出你的良好的形象气质。学会以德立身处世，你的个人修养提高了，你整个的良好形象也就打造出来了。

凝聚人心，从小事做起

【原典】

桀、纣之失天下也，失其民也；失其民者，失其心也。

——《孟子·离娄上》

【古句新解】

桀和纣之所以失去天下，是因为失了老百姓的支持，之所以失去老百姓的支持，是因为失去了民心。

自我品评

孟子在这里又一次强调了"民为贵"的仁政思想。孟子的这一观点是非常正确的。

从前，有一个牧羊人，他对待羊群像对待人一样关心。附近牧场上的草已经不新鲜了。他怕羊吃不好，就不辞辛苦，赶着羊群到很远的牧场去。

牧羊人对羊关心的名声传到野山羊的耳朵里，它们当中几只山羊不相信牧羊人会关心羊群，就商量好到牧羊人那里去试探试探。

这一天傍晚，牧羊人见天色晚了，把牧场的羊往回赶，他发现有几只野山羊混在羊群里，心里高兴极了，也不声张，一起赶回来关在羊栏里。

第二天下起了大雪，无法放牧，羊只能呆在羊栏里。牧人喂羊时像往常一样，把精饲料喂给每只羊。给那几只野山羊的饲料中，放了很多精饲料给它们吃。他的算盘打得很精，希望能把野山羊收服驯化，这样白白得到几只羊，多划算。接下来的日子，牧羊人仍暗中多喂精饲料给那几只野山羊。这样过了不久，这几只野山羊被牧羊人的诚心打动终于决定留下来。

管理也是如此，领导关心员工，是为了让员工安心工作，忠于企业，为发展企业作贡献，企业做大了，效益好了，对员工的优待也会更大。

员工的忠诚和积极性是企业生存和发展的关键，它是凝聚整个企业组织的粘合剂，使企业得以赢得员工的信任。所以企业的领导一定要拿出维护之方，关心每一位职员，关心的动作无需太大，从这些小事开始就行：

(1) 对工作上的关心，满足职工的个人需要。

(2) 对职员家人的关心，虽然付出的不多，但收获很大。

(3) 对职员健康关心慰问，能使职员深受感动。

(4) 对合理的工资要求予以满足。

(5) 常与雇员谈心，沟通拉近彼此距离。

有位伟人说过，身体是革命的本钱。因此，关心员工要从关心他的身体健康开始。这话听起来好像与企业无关，但细细推敲，就会发现，它起着很大的作用。在世界手机行业占据"大哥大"地位的摩托罗拉公司的总裁保罗·高尔文，在他的企业中，就是从关心员工的身体健康下手，从而获得员工的心的。

在摩托罗拉公司，不管员工本人或是员工的家人生病了。总裁高尔文说的最多的一句话是："你真的找到最好的医生了？如果需要，我可以向你推荐这里看这种病的医生。"

一位大公司总裁能对员工们这么真挚地表达他对员工的关怀和爱

护，其情意会令任何一位员工都感激涕零，员工为报答总裁对自己的深情厚意，会加倍地工作来表明他们对企业的忠心。

常言说："有付出就有回报。"高尔文对员工的付出和努力，感动了很多人，在行业中极有口碑。许多人出高薪请不来的专家被他请来了，许多员工在摩托罗拉一干就是好多年。由于一流的专家和有经验的员工的同心协力，摩托罗拉公司在短短的几年中，占据了手机行业龙头老大的地位。

在经济不景气的年代，工人们最怕失业。为了保住饭碗，他们最怕生病，尤其怕被老板知道。比尔·阿诺斯是一位采购员，他现在的两个担心都发生了。他的牙病非常严重，不得已，只有放下紧要的工作，因为他实在无力去做了。而且，他的病还被高尔文知道了。

高尔文看到他痛苦不堪的样子，非常心疼，道："你马上去看病。不要想工作的事，你的事我来想好了。"

比尔·阿诺斯做了手术，但他从未见到账单。他知道是高尔文替他出的手术费用。他多次向高尔文询问，得到的直截了当的回答是："我会让你知道的。"阿诺斯的手术很成功，他知道凭自己的工资收入是难以承受手术费的。阿诺斯勤奋工作，几年后，他的生活大有改善。一次，他找到高尔文，"我一定要偿还您代我支付的那个账单的钱。"

"你呀，不必这么关心这件事。忘了吧！朋友，好好干。"

阿诺斯说："我会干得很出色的。但我不是要还您钱……是为了使您能帮助其他员工医好牙病……当然还有别的什么病。"

高尔文说："谢谢，我先代他们向你表示感谢！"

一个公司或一个企业的发展和崛起，靠的是管理者聪明的经营才智和员工齐心协力的扶持。如果说管理者是冲锋的元帅，那么员工就是强大的后盾。只有上下同心，才能创建成功的企业。

当今之世，舍我其谁

【原典】

如欲治平天下，夫当今之世，舍我其谁。

——《孟子·公孙丑下》

【古句新解】

如果想天下太平，在当今这个世界上，除了我还有谁呢？

自我品评

在这里，我们可以看到孟子"以天下为己任"的责任感和使命感，要施行仁政，要实现王道，就要有高度的责任感。作为一个管理者，永远不要缺少了责任感，否则，你永远也不会成为合格的管理者！

布谷鸟一声声地啼叫着，它怕过了时节的种植会给农人们带来颗粒无收的叹息，带来生活上的困苦，这是它对农人们的生活放不下心的牵挂；布谷鸟一圈圈地在农田上空巡回飞翔，是它怕农人们的懈怠会让孕育着希望的田野变得荒芜，这是它对大地的丰收卸不下的希冀。

布谷鸟对农人疾苦的关心，对大地丰收的期待不能不让人感动，而这小小的鸟儿，怀着高度的责任感，振动双翅，呼唤农人走向田间的行为，更让人不能不敬佩。

在从事工作的人应当具备的品质中，责任感，是那样朴素而又十分可贵。没有责任感的人不仅不堪大用，即使小用，也令人担心。

责任感反映了一个人的精神境界。有责任感的人，突出的优点是他们绝不是个人中心主义者，他人的、团体的、公司的利益总是先于自己的利益。在平时工作的时候，有责任感的人总是毫不犹豫地负重前行，决不会袖手旁观；在紧要关头，有责任感的人总是担负责任、挺身而出，决不会逃避后退。

管理者，作为一个企业的最高领导者，团队的带头人，他所具有的学识、能力、才华固然很重要，但如果缺乏责任感、责任意识和责任心，就会使团队止步不前，取得零的成绩，甚至崩溃解体。

责任感落实到日常工作中就是关乎细微的责任心。人们都熟悉的白衣天使南丁格尔，她的伟大来自平凡。她把护理工作看成是一种关乎人的生命、尊严乃至人类文明的神圣事业，而这些恰恰是通过诸如采光、通风、消毒、伙食、卧具等等细致周到的关爱体现出来的。

德国一家工程公司签下了一个合同，是给一个小楼装修改造，公司老板多施内尔先生亲自带了两名工人来干。

他们工作十分认真，而且每天收工时，都要用自己带来的吸尘器等工具将施工现场打扫得干干净净，把当天的施工废料全部带走。暂时拿不走的大型工具和材料也都码放整齐。

他们甚至抽烟都不在屋里，尽管当时是1月份，天气很冷，但每次抽烟他们都要跑到室外。老板说因为没有看到屋子里有烟灰缸，这说明主人不抽烟，所以他不能污染房主室内的空气。由于开始对施工难度估计不足，眼看快到要求完工的日期，但工程进度不理想。于是，多施内尔先生和工人延长了工作时间，中午简单地吃点带来的三明治便马上继续工作。到了合同规定的最后一天，他们在征得了主人同意后，一直干到深夜两点，终于完工。

这之前，房主已经说过，他们可以先回去，明天再干，不算他们违约。但多施内尔先生说，他以后几天工作日程都已经排满了，如果今天这里不能完工，他就只能以后抽空来这里干，这样就会将工期拖延好几天。

这位德国人是如此细致、周到、认真、坚持原则，只是因为他有着高度的责任感。他要为工程质量负责，要为合同的约定负责，要为房主的利益负责，更要为给工人一个好的带头作用而负责。

一个有责任感的管理者，同时一定会有勤奋、认真、忠于职守这些优秀的为人品质和良好的职业道德，因为强烈的责任感，会迫使一个人努力约束自己，养成许多好品质。

人们从事的工作不同，能力和作用不同，但无论是平凡岗位上的工作人员还是统管全局的领导者，系于责任的就绝对没有小事。

一个普通员工只有充满责任感，才会自觉地努力地去工作，为他本身、也为企业而工作。一个管理者只有充满责任感，才会带动整个团队取得最大的成绩，创造最大的价值。

当然，公司管理者主要工作是对员工进行管理。当老板认为需要增强员工对公司的责任感时，常常会与他们来探讨对策。然而，假如一个管理者与公司的其他员工一样，也是公司风险的逃避者，那么在处理员工责任感的问题上，管理者往往会处于一种非常尴尬的境地。

一方面，他们是老板对员工的代言人，有责任向员工宣传责任感的重要性；另一方面，他们自己日常又没有这种责任感。管理者长期处于这样的境地，会使他们在责任感管理方面的工作难有成效。

所以，想成为管理者——企业的最高管理者，你必须要有高度的责任感。责任感是领导者基本素质的一个重要方面。强大的团队往往具有高远志向、进取精神、严明纪律和一丝不苟的工作态度。当这个团队遇到困难和风险的时候，不只领导会站出来，员工们也会站出来，以奉献和牺牲来分担困难，排除风险。这样的团队无疑将是不可战胜的。

如果一个人对事业、对家庭、对朋友不负责任，那他一定不会成功，一定为亲属所不齿，也一定难以在社会上立足。反过来，负责任的人，人人敬重。普通人都应该有责任感，更何况是一个企业管理者。

所以，想成为合格的管理者，企业的最高管理者，就一定要有责任感，这是一种必备的职业道德。

刚柔并济，恩威并重

【原典】

闻诛一夫纣也，未闻弑君也。

——《孟子·告子上》

【古句新解】

我只听说杀了一个残暴的人，并没有听说是杀掉一个君王。

自我品评

孟子的这一观点比孔子更为激进，孟子认为，君王只有施行仁政才能安定天下，对一些"独夫"、"暴君"，残害百姓的君王，则要讨伐消灭。从这里可以看出孟子刚烈的性格。这一观点在企业管理中同样适用。作为管理者，在处理人际关系时，不能一味地忍让，该硬则硬，该软就得软。

在公司的人际关系中，信任关系的建立是有效人际关系的根本。但信任关系建立以后，还需要管理者与员工共同的维持，由于管理者在公司中的特殊地位，所有的人也许首先将目光投向你，你的举手投足都会成为员工闲暇时细细品味的"材料"。这里就需要你在公司内部的人际交往中把握好你自身的立场，以免损毁了自身的形象，殃及了公司和谐的人际关系。因此，你要做到以下几点：

（1）同情弱者

在当今这个大力提倡竞争的年代，弱者似乎就等同于失败，他们在特定的环境中难免会受到别人有意无意的排挤与冷落。

人们对弱者所持的态度还是善意的，但在他们"哀其不幸，怒其不争"的同时，弱者最终还是弱者。他们的自尊心、自信心在历经一次次失败，以及在遭受别人"软刀子"的刺痛之后，变得异常脆弱与敏感，使他们在公司中"生存"的空间只限于三尺工作台，甚至更小。也许他们的存在会使整个健康、开放、自由的人际关系显得有些名不副实。那个被遗忘的角落也许会最终成为公司中阳光永远照不到的地方。无疑，这对弱者是极不公平的，对公司良好人际关系的维持也是极其不利的。

在你的公司中，对待这些将自己囚禁封闭起来的、遭别人冷落的不幸人士，你不应该弃他们于不顾，更不应该用生存的法则将他们清除出去，让他们自生自灭。同情是你正确的态度与立场，也许你会觉得这样做会引起大多数人的非议，与众意不合，别人也许会说："公司的存在是需要效益与业绩的，他们只会把事情搞得更糟。不如让他们独自一人，好好反省，这对双方都有好处。"

让别人去说吧，别忘了你想建立的是什么样的公司氛围，在这里是不许任何一个人有"失意人生"的感觉的。主动地接触那些弱者们，用心真诚地关爱，使他的小小空间也能体会到公司的温暖，尽管这也许很微薄，但对一个处于风雪中的人来说，一根火柴足以点亮心灵，况且，它或许能点燃、引发更多的热源。

（2）适当保持中立

对于公司人际关系中出现的摩擦与冲突，当然不能视而不见，但有时适当保持中立、沉默会产生"此时无声胜有声"的效果。

保持中立并不是让你在公司中充当一个和事佬，对矛盾双方都不得罪，有两副面孔，或者是干脆事不关己，高高挂起，以顺应事态的发展。你的保持中立的立场必须是建设性的，有助于矛盾的化解与问题的解决。

试想，一位员工在与同事发生了激烈的口角之后，找到了你，要求你为其调换工作岗位，更糟糕的是他的那位同事是你昔日的同窗知己，这时你该怎么办？千万别做出盲目的决断，也不要显露出对任何一方偏袒的倾向。保持一个公正、中立的立场，去针对问题寻求解决之道，就事论事。

这里的中立是一种公正的处事策略，是一种刚正不阿的处事态度。如果你这样做了，问题的双方就会将注意力从人与人之间的各种微妙关系上转移到具体的问题上来，因为复杂的并不是问题本身，而是人的内心！

（3）敢对雇员说"不"

公司的人际关系，应当是一种健康向上的人际结构，而并非那种以原则为牺牲品的庸俗关系。

在公司中，肯定会有人向你提出带有目的的请求，也许这种请求同时带有某种许诺，比如你的一位雇员找到你，略带愧色，但又仿佛踌躇满志地对你说："如果你不太计较我这个月的那几次缺勤，我保证会更好地工作。"这种说法也许会使你难以拉下脸，在另有些时候，雇员的请求又近似于圆滑，比如"我不会告诉其他人的，特别是汪经理，说你把文件搞丢了，但我太想休假了……"还有一些说法，则更以一种特别巧妙的方式，来促使你放弃原来最佳的选择："我们都知道老李不完全合乎当下一届主管的要求，但他确实为公司工作大半辈子了，没有功劳也有苦劳啊！况且别人都很支持他。"这种带有极大攻心的意见，会让你在关键问题上放弃了原则。

的确，你完全可以很容易将所有的决定顺乎"人心"，但你必须意识到，当你在做出决定的时候，你并不是出于决策合理化的考虑，而是出于对自身利益的考虑，或者是出于类似的动机，你会使那些传统文化中的庸俗部分死灰复燃，在你的公司中腐蚀它健康的机体。

　　你必须敢对雇员说"不"，这不仅意味你的尊严，还体现着公司的一贯原则与处事风格。每个人都会在这样的原则约束下，使彼此的关系更加亲密、健康。

　　刚柔并济是施行"仁政"的一种手段，是孟子所说的王道，也是现代管理者手中的筹码。当然，管理者在运用这种方法时，一定不可以照搬古人的方式。因为不同的人施用这种方法的目的不同，因此具体表现也不同。要想使这种方法产生效用，管理者必须结合实际情况，灵活运用。

第二章 尊贤使能

——孟子这样说用人

　　孟子在《公孙丑上》中说"贵德而尊士，贤者在位，能者在职"，孟子认为尊贤任能是推行仁政的重要措施之一。可见，早在两千多年前，孟子就认识到了人才的重要性。的确，人才也是企业的核心，是21世纪最宝贵的资源，任何企业单位都必须重视人才，把人才放在最能发挥其特长的地方，使之能够最大限度地为企业服务。

管理之道，唯在用人

【原典】

尊德乐道，不如是，不足与有为也。故汤之于伊尹，学焉而后臣之，故不劳而王；桓公之于管仲，学焉而后臣之，故不劳而霸。

——《孟子·公孙丑下》

【古句新释】

君王要做到尊重德行喜爱仁道，不这样就不能够做到大有作为。因此商汤对伊尹，先向伊尹学习，然后才以他为臣，于是不费力气就统一了天下；齐桓公对于管仲，也是先向他学习，然后才以他为臣，于是不费力气就称霸于诸侯。

自我品评

早在两千多年前，孟子就认识到了"人"是特殊资源，充分强调了人才的重要性。在当今社会，领导者更要充分认识到这一点，并充分利用人才，才能利于事业的发展。

在《战国策》中有这样一个故事：燕国国君燕昭王（公元前311~前279年）一心想招揽人才，而更多的人认为燕昭王仅仅是叶公好龙，不是真的求贤若渴。因此，燕昭王始终寻觅不到治国安邦的英才，整天闷闷不乐的。

后来有个智者郭隗给燕昭王讲述了一个故事，大意是：有一国君愿意出千两黄金去购买千里马，然而时间过去了三年，始终没有买到，又过去了三个月，好不容易发现了一匹千里马，当国君派手下带着大量黄金去购买千里马的时候，马已经死了。可被派出去买马的人却用五百两黄金买来一匹死了的千里马。国君生气地说："我要的是活马，你怎么花这么多钱弄一匹死马来呢？"

国君的手下说："你舍得花五百两黄金买死马，更何况活马呢？我们这一举动必然引来天下人为你提供千里马。"果然，没过几天，就有人送来了三匹千里马。

郭隗又说："你要招揽人才，首先要从招纳我郭隗开始，像我郭隗这种才疏学浅的人都能被国君任用，那些比我本事更强的人，必然会闻风千里迢迢赶来。"

燕昭王采纳了郭隗的建议，拜郭隗为师，为他建造了宫殿，后来没多久就引发了"士争凑燕"的局面。投奔而来的有魏国的军事家乐毅，有齐国的阴阳家邹衍，还有赵国的游说家剧辛等等。就这样，燕国一下子便人才济济了。从此以后一个内乱外祸、满目疮痍的弱国，逐渐成为一个富裕兴旺的强国。接着，燕昭王又兴兵报仇，将齐国打得只剩下两个小城。

由此可见，要想治理好国家，必须网罗人才，国家如此，企业也是如此。1980 年，在一向以新科技之国自称、重利润的美国首先提出一句简单而深刻的口号："人，是我们最重要的资产。"这句话立刻在世界上引起了极大的反响。

人，是管理中的核心要素，把人管好了，把人用对了，其他事情便迎刃而解。在当今知识经济社会中，人力资源成为所有资源中最重要的资源，企业的竞争，实际上也就是人才的竞争。可见，人才已成为企业取胜的法宝，谁掌握了这个法宝，谁就向胜利迈进了一大步。

因此，人才管理是企业管理的重中之重，企业的管理者怎样让员工最大限度地发挥其作用，同时对员工进行有效的掌控，是人才管理的关键所在。

韩国的三星集团在企业管理中，始终把人的管理放在企业工作的首位，确是明智之举。

三星集团的前身是 1938 年创办的三星商社，这是一家做进出口贸易的小公司，从上世纪 50 年代起开始起步，企业迅速发展。目前，它已成为一家著名的大财团，拥有 20 多个企业，八万多名员工，年营业额超过 300 亿美元，是名列世界前 30 名的著名大企业。

三星集团董事长曾经一语道破它成功的秘密，那就是他们始终奉行"人才第一"的原则。

1957 年，三星集团成为韩国第一个通过考试来选拔人才的企业，他们每年都要进行选拔，董事长李健熙亲自与考入三星的人才面谈，勉励他们为企业努力工作，同时发现一些更加优秀的人才。

三星集团始终把 4/5 的时间用来吸引和培训人才。他们选择人才的依据是智能、人品和健康，注重一个人的完整性，一旦被录用为企业员工，就对其投入大量资本来培养和训练，以适应企业的应用和要求。

三星集团是韩国第一个设有培训中心的企业，李健熙为中心题字"人才第一"。企业严格执行员工必须经过培训才能上岗的制度，员工每隔几个月都要进行重新培训，以便更新知识。在培训班上，董事长会亲临讲话，"三星的人都是精英，要集合所有精英的力量，才能发挥最大的作用。"每年，员工都要到培训中心接受 3 次以上的进修，在不断的进修学习中去适应科学技术的新发展。

三星集团对销售人员也非常重视培训。他们规定参加培训的人，每两人为一组，身上不带分文，只允许带上三星的产品。他们乘坐公共汽车时，因为身上没有钱，就只能卖掉身上所带的产品，凡是在训练规定的 10 小时内能最早卖完产品或以最高的价格卖掉产品时，就能获得最高奖励。否则的话，推销员不但没有钱乘车，吃饭也成问题。经过这样的培训，锻炼了他们的实际工作能力，从中也可以发现一批人才。

三星集团把一些有干劲有才智的人放到了首位，对他们进行奖励和提拔。每半年对员工的工作进行一次评定。对于那些工作诚恳的人，对于企业的未来发展有正确见解和敏锐眼光的人，对于能够敏捷地掌握形势动态的人，对于那些取得显著成就的人，分别给予各种奖励和晋升工资，有些还被提拔到更高的位置上。

三星集团在人力资源的开发和任用上，高瞻远瞩，措施得力，所以三星企业网罗了一大批优秀的人才，这些人才使企业迅猛发展，三星集团在家用电器、计算机等生产领域走在了世界的前列，这与三星的人才观念不无关系。

人才就是效率，人才就是财富。杰出的领导者应善于识别和任用人才。只有做到唯贤是举，唯才是用，才能在激烈的社会竞争中战无不胜。

寻觅良将，走向成功

【原典】

尧以不得舜为己忧，舜以不得禹、皋陶为己忧……是故以天下与人易，为天下得人难。

——《孟子·滕文公上》

【古句新解】

尧把得不到舜这样人作为自己的忧虑，舜把得不到禹和皋陶这样的人作为自己的忧虑。所以把天下让给人容易，为天下发现人才却很难。

自我品评

在这里，孟子强调了"千军易得，一将难求"的道理，在现代的企业管理中，也是如此，身为管理者善于指挥千军万马，不如善点数将，善于发现真正有用的人才。

比尔·盖茨能让微软名震全球，正是因为他有着过硬的用人本领。他当机立断，用人不疑，他干脆、利落，有胆有谋，他是个帅才，是一个相当精明的现代企业领导人。

1981 年底，微软公司已经控制了个人电脑的操作系统，并决定进军应用软件这个领域。比尔·盖茨雄心勃勃，认定微软公司不仅能开发软件，还要能成为一个具有零售营销能力的公司。他的打算不错，但人呢？微软公司在软件设计方面，人才济济，不乏高手，可市场营销方面卓越性人才却属软肋。没有这方面的人才，微软别说要进入市场，就连门都找不到。

盖茨虽然看到了光明的前途，却感到寸步难行，但盖茨还是迈出了非凡的一步：挖人才。

他四处打听，八方网罗，经过最后的探测，锁定了肥皂大王尼多格拉公司的一个大人物——营销副总裁罗兰德·汉森。

"汉森是个营销专家，对软件他完全是个门外汉。"盖茨的幕僚有点不放心。

"那又如何呢？只要给他机会，他一定会干得很出色。"盖茨看中的是汉森对市场营销的丰富知识和经验。

盖茨挖来汉森，委以营销方面的副总裁这一重任，负责微软公司广告、公关和产品服务，以及产品的宣传与推销。

汉森上任后做的最重要的一件事就是给微软公司这群只知软件、不懂市场的精英们上了一堂统一商标的课。在汉森的力陈之下，微软公司决定，从这以后，所有的微软产品都要以"微软"为商标。于是，微软公司的不同类型产品，都打出"微软"品牌。时隔不久，这个品牌在美国、欧洲，乃至全世界，都成为家喻户晓的名牌。

汉森确实不懂软件，但他懂得市场，他能用品牌去打开销路而占领市场。这一点当然令盖茨得意，但一个一个的烦恼也接踵而来。

随着市场的日益扩大，尤其是海外市场的开发，微软公司的经营规模日益增大，公司第一任总裁吉姆斯·汤恩年近半百，渐显江郎才尽，跟不上微软的快速疾走。

好在汤恩有自知之明主动提出辞掉总裁的职务，盖茨费尽心机，又找到了坦迪电脑公司的副总裁谢利。

他直截了当地对谢利说："到微软来吧，我们不会亏待你的。"

"我能干什么？"谢利答道。

"做我们的司令——总裁。"

谢利一来，就对微软的人事管理大刀阔斧地进行调整。他把鲍默尔提升为负责市场业务的副总裁，更换了事务用品供应商，削减了 20% 的日常费用……

谢利掌管下的微软在许多地方开始"硬"起来，不过，好戏还在后头。

1983 年，为了抢在可视公司之前开发出具有图形界面功能的软件，占领应用软件市场，微软启动了"视窗"项目，并宣布在 1984 年底交货。

谁知，直到 1984 年过了大半年了，"视窗"软件仍然没有开发出来，以致新闻界把"泡泡软件"的头衔"赠给"了视窗。

个性强烈的盖茨愤怒至极。

在这进退维谷的时候，谢利经过一番仔细调查，找到了病根：除了技术上的难度以外，开发"视窗"的组织和管理十分混乱。谢利又一次大刀阔斧地整顿：更换"视窗"的产品经理，把程序设计高手康森调入研究小组，负责图形界面的具体设计；至于盖茨嘛，他"现在的任务"则是集中精力考虑"视窗"的总体框架和发展方向。

谢利的这一番部署切中要害，"视窗"的开发立竿见影，各项工作有条不紊，进展神速。最终在 1985 年年底，微软向市场推出"视窗"Windows1.0 版，随后是"视窗"3.0 版。

当然，在两位助手的帮助下，微软从 1995 年 8 月 Whidows95 发布起，正式把微软推向计算机业的巅峰。而 1992 年 IBMOS/22 销量仅 100 万套，Windows3.0 却达到 1000 万套。

借助强大的市场优势和金钱实力，微软屡屡实施"吸功大法"，将许多其他公司创造的新技术新功能纳入自己的产品，尤其是 Windows 之中，使其成为无所不能的百宝箱。这种形势下，弱小的软件公司的确无法与微软一起参与这场游戏。

这就是伟大的微软！

千军易得，一将难求，能求得一位良将，那将是企业的一个新的转折点。这就是企业用人的学问，比尔·盖茨正是掌握这一学问，才使微软走上了一条辉煌的道路。

正如汉朝开国皇帝刘邦所说，"运筹帷幄之中，决胜千里之外，我不如张良"；"输粮草，保供给，治国安民，我不如萧何"；"亲临前线，挥兵杀敌，我又不如韩信"。但刘邦的长处就是能把这些人聚扰起来，让他们发挥各自的能力和长处，为自己服务。现代企业的管理者要以他们为榜样，招贤纳士，寻求良才，为企业创造灿烂的前景。

唯才是举，量才而用

【原典】

尊贤使能，俊杰在位，则天下之士皆悦，而愿立于其朝矣。

——《孟子·公孙丑上》

【古句新解】

尊重贤才，任用能人，杰出的人物都有职位，那么，天下的人士都乐于在朝廷中担任一官半职了。

自我品评

孟子认为，治理国家，就要尊重贤才，使有才能的人都有合适的职位，这样国家才会兴旺繁荣。

在一次宴会上，唐太宗对王珪说："你善于鉴别人才，尤其善于评论。你不妨从房玄龄等人开始，都一一做些评论，评价一下他们的优缺点，同时和他们互相比较一下，你在哪些方面比他们优秀？"

王珪回答说："孜孜不倦地办公，一心为国操劳，凡所知道的事没有不尽心尽力去做，在这方面我比不上房玄龄；常常留心于向皇上直言建议，认为皇上能力德行比不上尧舜，这方面我比不上魏征；文武全才，既可以在外带兵打仗做将军，又可以进入朝廷搞管理担任宰相，在这方面，我比不上李靖；向皇上报告国家公务，详细明了，宣布皇上的命令或者转达下属官员的汇报，能坚持做到公平公正，在这方面我不如温彦博；处理繁重的事务，解决难题，办事井井有条，这方面我也比不上戴胄。至于批评贪官污吏，表扬清正廉洁，疾恶如仇，好善喜乐，这方面比起其他几位能人来说，我也有一日之长。"唐太宗非常赞同他的话，而大臣们也认为王珪完全道出了他们的心声，都说这些评论是正确的。

从王珪的评论可以看出唐太宗的团队中，每个人各有所长；但更重要的是唐太宗能将这些人依其专长任用到最适当的职位，使其能够发挥自己所长，进而使整个国家繁荣强盛。

治国如此，管理企业更是如此，在现代企业管理当中，最重要的一点就是要量才适用，把合适的人安排在合适的位置上。

要使整个团队的力量增加，最好的方法就是让合适的人在合适的位置上，而要想做到这一点，必须做好人力资源的开发和规划。这样，既可以保证人力资源管理活动与公司的战略方向和目标保持一致，促使人力资源管理的各个环节、各个阶段相互协调、相互衔接，又可以为公司增加无形资产。

每个员工都有其自身的知识背景和性格特点。工作的性质往往会影响到个人能力的发挥。某种人员安排，可能会使他胜任原本高于其自身能力的工作，也可能使其仅发挥原有能力的一半。因此，人员的配置有效率，任用恰当，则事半功倍；任用不当，不仅埋没人才，而且影响整个公司运转的效率。

对人力资源进行管理，又主要分为两个阶段，那就是在人员来公司之前和员工来公司之后。想搞好公司人力资源管理，必须在两个不同的阶段都做好工作。

来公司之前的工作，主要是招聘工作。要做好这个工作，主管部门应做好计划，对应聘人员做到心中有数，寻找出最适合你的人才。

美国西南航空公司的经验就值得借鉴。

美国西南航空公司有着几十年的历史，是该行业中唯一一家赢利企业。公司连续获得美国交通部颁发的最佳顾客服务奖、最佳准点航班奖、最佳行李搬运奖。

1994年，美国西南航空公司的总经理，被美国著名杂志《幸福》评为美国最佳总经理。当年有将近125000人向西南航空公司申请所空缺的3000个职位。

总经理非常重视招聘工作，把它当作一件大事来抓，他说："我们要雇佣素质最好的人，教他们所需要的任何技能。"

有一次，公司要在一个叫阿马利罗的小镇上招聘一名客机代理商。人事部门的经理在面试完34个人之后，仍没有找到合适的人选，他们非常着急，想将就招一个人了事。但总经理却说，为找到合适的人选，找再多的人也不要紧。在他看来，人是公司一切发展的源头，没有必要在招聘问题上节约钱、时间、人力。

招聘工作要考察专业、细节，包括待人接物的态度，是否具有严谨的态度、良好的习惯等。

有的企业强调要"雇佣有激情、善应变、充满活力的人"。英国的一个销售服务公司的总裁卡瑞·韦泽斯，他就认为自己成功的关键在于"和许多狂热的分子打交道"，需要时就雇佣他们，如果他们确实优秀，就会提升他们到相应的位置上。

有的公司希望雇佣有经验的人，这些人可以立即投入工作，不需要培训。有的公司希望雇佣没有经验的年轻人，充分保留和发挥他们的想象力。百事可乐公司之所以能保持年利润250亿美元，就在于他们常雇佣二十多岁的年轻人。只有投以重视，注重细节，注重自己要求的特质，公司才能从寻找中发现最合适的求职者。

一般来说，管理者并不可能一步到位地把人才放到最合适的地方上，这需要公司的管理者继续考察，之后重新调整。

百事可乐公司的总裁卡洛威曾经说过，公司管理者的任务就是"操纵人的方向盘"。卡洛威制定了各类人员的能力标准，每年他要不断地在公司中巡视，与部下交流，主持大约六百次业绩考核。

如果经过考核发现某个人不胜任他的职位，卡洛威会提醒他进行改进，经过一段时间，再进行考核，如果已达到要求，第二年就会按惯例提出更高要求。

卡洛威的这种考核将公司的管理人员分为四等：最优秀的（将得到提升），合格的可以晋升，但目前暂不安排，基本合格的，仍在现岗位工作或去接受专门培训，不合格的（将被淘汰）。

卡洛威的人才资源的管理是成功的。虽然可口可乐的销售比百事可乐多，利润是百事可乐的两倍，但百事可乐却在饮料业之外，经营餐馆业和快餐业，这些利润又是可口可乐没有的，以至于百事可乐的毛收入每5年翻一番。这些成就的取得，卡洛威认为是在于“人”字的妙用。

企业的发展是不可能只依靠一种固定组织的型态而运作的，必须视企业经营管理的需要而有不同的团队。所以，每一个领导者必须学会如何组织团队，如何掌握及管理团队。企业组织领导应以每个员工的专长为思考点，安排适当的位置，并依照员工的优缺点，做机动性调整，让团队发挥出最大的效能。

敢用强过自己的人

【原典】

今天下地丑德行，莫能相尚，无他，好臣其所教，而不好臣其所受教。

——《孟子·公孙丑上》

【古句新解】

现在天下各国的土地都差不多，君主的德行也都不相上下，互相之间谁也不能高出一等，没有别的原因，就是因为君王们只喜欢用听他们话的人为臣，而不喜欢用能够教导他们的人为臣。

自我品评

孟子在这里指出君王使用什么样的人对国家发展的重要性。用听话的人只能维持现状。只有用比自己强的人，能够开导自己的人才能使国家繁荣。

春秋战国时，有位著名的军事大师名叫鬼谷子。此人排兵布阵，调兵遣将，如有神助。他有两个得意的学生庞涓和孙膑。庞涓在魏国谋了个好差事，当了大将军。后来小师弟孙膑投奔师兄，师兄发现师弟的能耐比自己还大，产生了忌妒心，怕师弟抢走他的饭碗，不但不重用，反而设计害他，并且剜去其膝盖骨。后来孙膑逃到齐国，协助齐国打败魏国，杀了庞涓。庞涓因气量狭隘，不仅没能保住官位还丢了性命，落下个千古笑柄。

这一史实理应作为管理者的一面镜子，时时提醒自己要敢于任用比自己强的人才，这样企业才有发展前途。

个别管理者，如果发现员工比自己能力还强，就感觉自尊心受到伤害，心里非常不舒服，这样的结果只会使自己的企业止步不前。所以，聪明的管理者要有海纳百川的胸怀，让比自己能力强的人在自己手下快乐地工作。

一位专门从事人力资源研究的学者说过这样的话："一个公司，尤其是一家开放式运作的公司，用一个不良之人，就会伤害一批好人。"此话颇有哲理。在人才的具体聘用过程中，一些企业领导人的观念依然陈旧。有的企业管理者用人从自身利益出发，宁愿用顺从听话的平庸之辈，也不用稍带棱角而能力很强的人，使得一些人才因无用武之地而离开；有的企业管理者放着身边现成的人才不用，而让其闲置起来；还有一些企业管理者，以人划线，宁愿用素质较低的"自己人"，也不用素质高的"外部人"。这些做法，都会在不同程度上伤害员工的感情，导致人才大量流失。

新经济时代的到来，给知识分子在商界带来了"翻身做主"的机会，知识贵族正成为新世纪的主宰而叱咤风云。但在许多传统行业里，知识分子到底能否搏杀商场依然令领导者忧心忡忡。令人遗憾的是，一些落后的市场规则仍被当作一种规律来信奉，并据此排斥一种新的商业原则。这种做法，使人才聘用常常走入误区，给人才的就业和发展设置了诸多障碍，同时也失去了一些优秀人才。这也是许多企业人才流失的重要原因。

在用人的问题上，人尽其才是一种理想境界，它虽不是一蹴而就的事情，却是我们致力追求的目标。这就要求管理者在人才使用过程中摒弃杂念，真正做到靠素质和能力用人。广告大师奥格威说过一句著名的话："用人的最大失误就是没有任用比自己高明的人。"为了诠释这一观点，奥格威在每个董事的椅子上放了一个洋娃娃，并请诸位董事打开看。大家依次打开洋娃娃后，发现里边还有一个洋娃娃，再打开里面又有一个更小的洋娃娃，当打开到最小的洋娃娃时，上面有一张奥格威写的字条：如果你永远聘用不如你的人，我们就会成为侏儒公司。反之，如果你永远聘用比你高明的人，我们就会成为顶天立地的巨人公司。

美国的钢铁大王卡内基的墓碑上刻着："一位知道选用比他本人能力更强的人来为他工作的人安息在这里。"

卡内基之所以能成为钢铁大王，并非由于他本人有什么了不起的能力，而是因为他敢用比自己强的人。他曾说："把我的厂房、机器、资金全部拿走，只要留下我的人，四年以后我又是个钢铁大王。"这句话，已成为世人皆知的名言。

贝尔是电话的发明人，还是美国著名大公司贝尔电话公司的创始人。贝尔的成功也在于敢用比自己强的人。他深知自己在经营管理方面并非擅长。

1897 年 7 月 1 日，他聘请西奥多·维尔出任贝尔公司的总经理。维尔的经营管理是非常出色的。维尔主张，要达到自己的目标，必须争取群众，公司能否稳定发展，关键在于接班人和领导层的素质。他把精力放在对下属的训练和培养上，只在制定战略决策时才插手，其他的就放手让他人去干。他心胸宽广，从不计较个人的名利，对反对过他的人，也总是宽厚相待；他不摆架子，总能认真地听取别人的意见，与下属共商大计，鼓励他们提出不同意见。在维尔的出色领导下，贝尔公司击败西部联合公司的进攻，资本由 1878 年的 85 万美元变为 1885 年的 6000 万美元。如果不用维尔这样的强手，贝尔公司的命运也许就是另一种情况了。

一些管理者在用人上，抱着武大郎开店的心态，对高过自己的人一概不用，对能力超过自己的人有意疏远，对带有棱角的人设法压制，而对平庸之辈、各方面均逊色于自己的人却情有独钟，大加任用。出现这种现象，一方面是嫉妒与自私的心理在作怪，另一方面也是缺乏自信、内心虚弱的表现。一来担心这些能力强的人羽翼丰满后会取代自己；二来担心自己不如下属，会丧失自己的威信，害怕有朝一日控制不了局面。这样的选人用人观，既会埋没人才，挫伤员工的积极性，又会给事业造成巨大的损失。

因此，作为领导者应心胸宽广、不计较个人的名利，敢于起用比自己强的下属，而把自己的精力放在对下属的训练和培养上，只在制定战略决策时才插手，其他的就放手让他人去做。

德才兼顾，慎用小人

【原典】

仁者无不爱也，急亲贤之为也。

——《孟子·尽心上》

【古句新解】

仁者，没有什么不该爱的，但是急于爱德才兼备的贤人。

自我品评

孟子眼中的真正有才干的人就应该德才兼备。在企业管理中，也同样要注意这一点，一定要用德才兼备之人。

宋代史学家司马光认为：才能可以辅助有品德的人成就大业，而德行能够引导有才的人走正道，向正确的方向发展。云梦的竹子虽然刚劲，但如果不把它做成利箭，就不能够穿透坚硬的物体；棠地的矿铜虽然精利，但如果不把它熔炼打磨做成兵器，就不能够打败强大的敌人。才能正如同竹子的刚劲和矿铜的精利，而德行正如同对竹子和矿铜的加工。当德行和才能合二为一时，便能够有大作为。他认为在选人用人的时候，如果不能得到圣人辅佐，可以找君子。如果连君子都得不到，宁可用愚人也不可用小人。因为有才的君子能够在其德行的引导下正确发挥自己的才能，有助于领导事业的发展；而有才的小人则会受其德行的误导，从而阻碍领导事业的发展。愚人无德无才，尽管不能对领导事业有帮助，但最起码不会造成威胁。

某公司聘用了一位张女士，由于她性格开朗，善于言谈，公司把她安排在业务部试用。

在三个月的试用期中，张女士的公关能力得到了充分展现。在她的参与下，业务部收到的订单比以往明显增多，部门业绩自然很出色。总经理听说了张女士的表现后，在大会上大力表扬了她，并以丰厚的奖金作为报酬。

俗话说："路遥知马力，日久见人心。"张女士在不断为公司创造业绩的同时，缺点也日益暴露。她开始在同事中散播谣言。由于她能说会道，即使是很难令人相信的事情，她也能够说得天衣无缝。在她的挑拨和煽动下，同事间的和谐关系被打破，好朋友变成了仇人。不仅如此，她的贪婪本性暴露无遗，竟然串通他人贪污公款。由于公司认为她有优秀的业务能力，就希望她注意形象，不要再破坏公司内部的团结，并希望她能够将功补过，因此没有将她开除。

可是江山易改，本性难移。她没有坚持多久，又开始在公司里搬弄是非、胡说八道，并再次贪污公司款项。公司对她不再抱有任何希望，果断地将她开除。

这位张女士有着过人的公关才能，她的才能也的确给这家公司带来了利润。但是，她的德行却让人不敢恭维。她不仅破坏了公司以往的和谐气氛，而且还给公司的利益造成了重大损失。除此之外，公司因看重她的能力没有将她直接辞退，给她机会改过自新，可她并不知道珍惜，仍然我行我素，继续做一些损害公司利益的事情。很显然，这种人是不可以用的。

因此，企业在选人用人的过程中，要对德与才有个全新的认识。一般来讲，如果一个人能够与同事友好相处，而且不会损害企业利益，他便是有德之人；一个人如果能够处理好自己手中的事情，他便是有才之人。企业要想做大做强必须要启用德才兼备之人。因为只有这样的人，才能够在社会上站稳脚跟，才能够帮助企业增强信誉和创造价值。

北京用友软件股份有限公司把"德"排在用人的首位颇具有代表性。创立于 1988 年的北京用友软件股份有限公司，是目前中国最大的财务及企业管理软件开发供应商，也是中国最大的独立软件厂商。用友公司开发的应用软件包括：财务软件、企业管理软件 RP 软件、电子商务软件 RM 软件三大类。公司共有员工 1200 多名，北京本部专职软件开发人员 300 名。1999 年用友软件销售总额达 465 亿元人民币，1988 年率先推出商品财务软件，1989 年研发中国第一表（UFO），1990 年财务软件率先通过财政部评审。1996 年，他们首家推出管理型财务软件，标志着中国财务软件从核算型走向管理型。1997 年最先推出 32 位 Windows95/NT 版财务软件，引领中国财务软件从 DOS 向 windows 迁移。1998 年 4 月，发布用友新一代财务企业管理软件体系，同年推出 B/S（浏览服务器）版财务软件，1999 年推出 iERP 企业资源计划系统，1999 年 8 月推出"网络财务"解决方案。

可以肯定地说，用友的成功与用友的用人是分不开的。据用友人力资源负责人介绍，用友公司用人的原则是：

1.品德放在首位。

2.对事情的态度。因为只有积极的人，才有把事情做好的可能，也不是说完全能做好，但是这种可能性更大。

3.与人相处、沟通的团队精神。按照用友的看法，软件发展到现在，个人英雄主义时代已经过去了，更多的是需要一个团队精神。

大胜在德。这是慧聪公司用人智慧。

在慧聪公司，宁愿用德高而能低者，也决不用有能无德者。因为在他们看来：小胜靠智，大胜在德。

创建于 1992 年的慧聪是一家商情服务公司。慧聪从 14.8 万元起家。到目前为止已在全国 30 多个城市建立分公司，员工达 2000 多名，每周出版各类商情周刊 85 本，建立了近 20 个行业纵向多层次的信息咨询与商务服务系统。慧聪的服务由商情报价拓展到了广告代理、市场研究、市场策划、广告监测、展示公关，以及软件研发等一整套的商务信息服务链。目前慧聪已经不再是一个简单的商情公司，慧聪已经将自己的业务同互联网进行了完美的结合。

应当说，慧聪的"大胜"就在于有一大批有着共同理想追求的"德"才。

曾国藩认为："一个人的才干正如同水的柔性和木头的坚硬，而德行能够使水动荡，能够使木头变直。动荡的水能够承载物体和灌溉田地，而挺直的木头可以用来造船和构建房屋。才是水的波澜，而德是水的源泉，有了源泉，就能够保证水的波澜不断；才是树的枝叶，德是树的根本，有了根本，就能够保证枝叶繁茂。"此论断虽然有些偏激，但由此也可证明德的重要性，因此，管理者在选人用人之时，一定要谨慎，选用那些德才兼备之人，而要时刻提防那些别有用心之人，否则，将会后患无穷。

抛开偏见，不戴有色眼镜选人

【原典】

国人皆曰贤，然后察之；见贤焉，然后用之。

——《孟子·梁惠王下》

【古句新解】

所有人都说某人好的时候，就要去了解他，发现他真有才干时，再任用他。

自我品评

孟子的这一观点或许带有太多的书卷气，因为任何事物任何人都不会出现他所说的"国人皆曰贤"或者"国人皆曰不贤"的情形，但他的这一观点对于现代的我们还是有启发的。那就是，在用人时，要多听听大家的意见，不可凭个人主观意愿、不可戴着有色眼镜去选用人才。

真正卓越的企业，在用人时是没有任何限制的，任何对人才的成见，都会让一个原本人才济济的成功企业，很快面临人才危机。而人才危机，对企业来说，又是最具杀伤力和破坏力的。

微软之所以卓越，是因为拥有为数众多的卓越人才，而人才的汇集，又是因为领导者有卓越的用人理念。微软喜欢开放型人才，他们从不需要那种只会说"Yes"或"No"的人。他们知道，凡是固定的、限制的见解，都是对企业有百害而无一利的。所以，微软从不限制人才的思维和想象力。这种对人才的思想的尊重，充分体现在微软的面试中。微软的面试题不但离奇，而且通常都没有确定的答案。比如，微软的主考官可能会问：纽约有多少个公共汽车站？面试者可以回答10个，也可以回答1000个，只要能解释清楚自己的想法，说服主考官就行。这种不强迫人才屈从于领导者观点的做法，使微软的员工保持了自己的本色，而这正是微软创新的灵感源泉。

现在，很多领导者在用人时都非常注重"经验"，很多公司的招聘广告中也都会附上一句："具备本行业工作经验"。的确，丰富的经验，可以省去培养新人的时间和财力，缩短员工适应工作的时间，但有利就有弊。经验也会成为扼杀创新能力的武器。

一个富有经验的员工，也许不需要很长的时间来适应，就能进入工作的正轨，但是经验也往往会使他思想僵化，缺乏创新能力。而且，这种经验人才，很可能已经打上一个公司的烙印，很难再融入到新公司的氛围中去。

在美国选举总统时，很多选民都认为有担任过参议员或州长经验的人，更能胜任总统这一职务。然而，事实却证明，经验对实际性的工作并无多大帮助。很多毫无"经验"的总统都取得了非凡的成就，比如林肯和杜鲁门，他们在担任总统之前，都没有做领袖的经验，但他们后来都成为了美国人民拥戴的伟大领袖；而许多有丰富"经验"的总统却败得很惨，比如胡佛和皮尔斯在担任总统之前，就有非常丰富的领导经验，但他们没能成为成功的总统。

对于企业用人来讲，也是同样的道理，经验并不能代表一切，经验也不是能力的代名词。经验，只能用时间的长短来衡量，而时间并不能代表质量。一个有20年工作经验的，与一个只有2年工作经验的相比，并不代表前者处理问题的能力是后者的10倍，很可能他的20年只是把第一年重复了20次。因此，试图将经验与能力联系起来的想法，是不科学的。

松下幸之助当初提拔山下俊彦时，山下俊彦只是一个普通的雇员，没有一点领导经验。但松下却坚持让只有 39 岁，毫无"资历"的山下担任分公司部长，而后又历任要职，成了公司的董事。到了 1927 年，他又从名列第 25 位的董事，超越前面所有"老资历"董事，直接升任总经理。面对其他董事和员工"他没有任何担当要职的经验"的质疑，松下却固执地认为，山下有出众的才能，而且有锐意创新的精神，是整个公司的最优秀的"将才"。

山下俊彦在担任总经理期间，也非常重视有才能的"少壮派"，当然，这些"少壮派"也都是缺乏经验的新人。他破格提拔了 22 名非常优秀的年轻董事，使得松下公司的领导层，在短短的几年里就得到了空前的加强，公司的经营模式也从保守型转为积极进取型。到 1983 年，松下公司的利润总额就比 1977 年增加了一倍。

成见，是指人们对于人和事先入为主的主观意见，带有很强的主观性、片面性，是领导者识别、选拔和任用干部的一个重要障碍。有成见则难有识人之明、用人之公。

俄国伟大的现实主义作家契诃夫曾在小说《小公务员之死》中，生动地描写了这样一个故事。小公务员切尔维亚科夫有一次偶然得罪了一位将军——那实在是太偶然了：切尔维亚科夫在剧院里看戏的时候打了一个喷嚏，唾沫星子溅到坐在前排的将军的秃顶上，尽管切尔维亚科夫一再道歉，而将军再三表示毫不介意。过了一段日子，将军渐渐地忘了此事，可切尔维亚科夫却总认定将军大人肯定怪罪并且不久就会报复自己了。于是他接二连三地找那位将军去解释求情，直到将军厌烦地大骂他一顿方才终止，当然也不能不终止，因为他已惊惧而死。

这当然是个非常可笑的故事，但这也足以说明定型作用在管理中产生的消极影响。每个领导者都必须时常提醒自己摒除成见的影响，之所以要提醒，是因为情感左右自己的行为。须知，万物都在变，人尤其如此。只有深入地去了解，及时去沟通，才能做出正确的行为。

不以一时成败定终身

【原典】

为其贼道也，举一而废百也。

——《孟子·尽心上》

【古句新解】

因为它会损害真正的道，只是坚持一点而废弃了其余很多方面。

自我品评

在这里，孟子向我们阐述了一个简单而又普通的道理，"举一而废百"，不以成败论英雄。作为管理者要有宽容的气质，不要对人才要求太过苛刻，不要以一次的成败就对人才进行判决。

一般来说，业绩出色的员工常常容易受到经理人员的偏爱，而对于那些有失败、过失记录的员工来说，他们会在经理人员心中多少留有一些偏见。

管理人员的这种心态对企业人际关系而言是非常不可取的，最终可能会导致两极分化，促使员工之间对立情绪的产生，而且你也许会成为企业中被别人议论的人物。

员工好的业绩的取得是企业的一件喜事，也是值得你为之骄傲的，但这种骄傲一定要立足于企业这个大家庭的基础之上，而不能滋生出一种强烈的个人偏好和憎恶的情绪。

员工一次成绩的取得绝不能成为他赚取私人感情的资本，你对个人的偏爱虽然是在很大程度上给了他信心与继续挑战工作的勇气，或许随之而来的还有更多的获得工作业绩的机会，但是企业是属于这里每个成员的，所以每个人都应该享受同等的权利与待遇。你对某个下属的偏爱会让其他的雇员对你们的这种亲密关系不知所措，一个个问号会在脑海中被肯定了又否定，否定了又肯定，折腾之后，他们与你和你所喜爱的那位员工的距离将会越来越远。

由于待遇的不平等，机会享受的不公正（至少他们会认为是这样），企业的人际关系变得紧张了，人们从你的偏爱中也学会了选取个人所好来加强个人的势力。结果最糟糕的事情发生了，企业仿佛变成了四分五裂的散沙，无数的小阵营使企业的这股绳结出了解不开的"小疙瘩"。

你对业绩不太出众或犯过错误的下属的成见与你对业绩好的下属的偏爱一样，对企业的人际关系的和谐，对企业的发展同样有害。

让我们来看看被誉为"经营之神"的松下幸之助是如何对待下属的过错的。

松下幸之助的信息主管因提供了错误的市场信息导致了公司决策的失误，对于该信息部经理所犯的这种严重错误，松下幸之助完全有理由将其开除，但是他并没有急于做出最终的处理意见，而是分析了两种可能的情况：一种可能是这位主管本身并不称职，已不宜于再继续担任这个职务；而另一种可能则是"好马失蹄"，由于一时的大意而出现的判断错误。如果是后者，那么将他撤职就会毁掉一个人才。

松下幸之助进一步考虑到，目前还没能找到另外一个更合适的人选担任这一职务，一旦将现在这位主管撤职，将会影响到公司其他工作的有序进行。

于是，他把这位主管找来，告诉这位主管他自己将要对这次事件做出处理，但没有明确告诉他处理意见，于是事情就拖了下来。

在此后一段时间里，这位主管为了弥补上次的过失，一直兢兢业业地工作，多次提供了极有价值的信息，为公司的决策作出了贡献，同时也用事实证明了他是称职的，上次的失误是意外情况。

不久，松下幸之助又把他叫了过去，并对他说，鉴于他近期的业绩，本来应该给予奖励，但因为上次的失误还没有处理，所以，将功抵过，既不奖励，也不处分。这种处理方法的效果无疑是非常好的，既没有影响公司整体的运作，同时又使这位信息主管以及其他员工心服口服。

犯了错误的员工通常都有自知之明，他们在对自己行为检讨的同时也是懊恼不已，你对他们的归类不仅使得他们的信心又遭受了一次打击，而且，他们还会产生破罐破摔的消极情绪，并对企业与你个人产生了极强的敌对抵触情绪，这显然是企业安定团结的一种巨大的潜在危险。

同时，对于有过错的人才而言，他们最需要的就是获得重新证明其价值和展示其才华的机会，尤其是当他们因过错而受到社会的歧视冷落后，这种愿望就更为迫切。因此，领导者一旦提供这样的机会，他们就会迸发出超乎寻常的热情和干劲儿，付出几倍、甚至几十倍的努力去工作，完成常人难以完成的任务。

在美国商业机器公司，有一位高级负责人因工作失误而损失了1000万美元的巨款。沉重的压力使他精神紧张，终日萎靡不振。几天后，这位负责人接到了董事长约翰·欧佩尔接见的通知。在办公室里，他被告知调任同等重要的一个新职务。这一结果大大地出乎意料，他十分惊讶地问道："董事长，我犯了如此严重的错误，您为何不把我开除或降职？""先生，如果我那样处理的话，岂不是在您身上白白地花费了1000万美元的'学费'？"欧佩尔回答说。

谈话还不到10分钟，但却给了这位高级负责人以极大的鼓励，成为他日后工作的巨大内在动力。他在新的起点上奋发拼搏，为公司的发展立下了汗马功劳。所以管理者不必为员工从前做过的一些错事而耿耿于怀，而应当将那些有价值的员工所犯的错误当作一种难得的财富。

消除你心中已有的成见吧，别让那几次失败的经历总萦绕在你的脑海中，使你总是怀疑别人改过自新、从失败中总结奋起的能力。坐下来，与他们真诚地交谈，帮助他们找到错误的原因，恢复他们的自信，你要在语言中充分表示出对他们仍然信赖，只要他们走出自我消极的误区，一样能为企业作出贡献，况且失败的经历孕育着成功的希望。

作为一个管理人员，你应该懂得，下属个人的成功与失败是企业荣辱的组成部分。你的任务是不断地充实集体的力量，而不是人为地制造分裂！

第三章 仁者无敌

——孟子这样说仁爱

孟子是性善论者。他坚信："人无有不善，水无有不下。"人性天生就是善的，就像水必然由高处向低处流一样。"仁也者，人也。"孟子认为仁即是人的本质、本心。"仁，人心也。"仁，其实就是人心。只要能保留人的本性，那就会像爱自己的亲人那样去"仁民"，就会推恩于所有的人。

做人要有仁爱之心

【原典】

仁，人之安宅也。

——《孟子·离娄上》

【古句新解】

仁是人的精神家园。

自我品评

孟子认为，仁是人们心灵的栖居之地，能把持住心的只是仁慈之性。身可以四处流浪，心却是要安家的。这个"家"就是仁爱之心。

仁爱不仅是中国传统文化的主要内容，也是世界各国文化的主要内容之一。古代那些有智慧的官吏，非常注重培养仁爱之心，广布仁爱之德。因为他们知道，具有仁爱之心容易得到上司的欣赏和百姓的爱戴，有可能官位长保，即使退位后也能得以善终。一个官吏如果缺乏仁爱之心，不会有好下场。

西汉时，有位叫疏广的人，很有学问，曾在朝廷担任博士，后来还做过皇太子的老师，地位极其显赫。当他告老还乡时，皇帝和太子赐给他很多金银钱财。

疏广回到家乡后，把这些赏赐都分给了那些需要帮助的乡亲们，既没有为自己购置田产，也没有将这些钱财留给子孙。有人劝他，但疏广却说："这些钱财是皇上和太子赐给我的，我要将它取之于民用之于民。至于子孙今后的生活，不能依靠我，而要靠他们自力更生，艰苦创业。他们如果有出息，就不需要我留给他们钱财，如果他们没有出息，我留给他们的钱财越多，就会害他们越深。"

疏广的一席话，说得在场的人无不点头称是。

还是那句话"爱人者，人恒爱之"。只有懂得爱护他人的人才能得到他人的爱护，也才能得到快乐与幸福。

曾有一位教书先生，春节前夕向东家领取了一年的酬劳，高高兴兴地拿着银子准备回家与家人团聚。在回家的路上，教书先生遇到了一件令他为难的事情。他听见悲惨的哭声从一间矮小的茅屋中传出来，恻隐之心使这位教书先生不由自主地向茅屋走去。进门后，他看到一名妇女躺在门板上奄奄一息，一个男人和孩子正哭成一团。

教书先生从男人那里得知，躺在门板上的是他的妻子，得了急病，快不行了，但因为没有钱请郎中治病，只有等死了。

教书先生一听，左右为难，如果把这些钱给了这家人治病，自己家的日子将怎么过？如果不帮助对方，就是见死不救，自己于心不忍。最后还是仁爱之心占据了上风，他毅然把自己的银子交给了这位男子，让男子快去请郎中救妻子的命，妇女这才得救。

教书先生回家后，妻子正盼他带回来辛辛苦苦赚到的银子，他自然交不出，只得如实告诉了妻子路上赠银救人之事。妻子尽管很失落，但也对丈夫给予了理解。他们商量着如何过年，这时孩子们进来嚷着要吃肉。教书先生只好放下斯文，向一个亲戚家赊了块鲜肉，以打发孩子。妻子将赊来的鲜肉放入锅中煮了起来，满屋顿时弥漫着鲜肉的香味，给几个孩子带来了一些安慰。

正当他们家准备切熟肉过年的时候，赊给他们鲜肉的亲戚来了，说是他夫人觉得赊给他的鲜肉太便宜了，因此和他吵得不可开交，要教书先生帮忙把鲜肉还给他，否则他家过不了安生年。教书先生无奈，只好将煮熟的鲜肉还给了那个亲戚。

教书先生赠银救人的义举在乡间广为传播，这时正值朝廷在全国各地选拔人才，教书先生被当地官府推荐给了朝廷，加上他又有真才实学，八年十载之后，当上了朝廷六品官员，家庭生活水平大大提高，不再为置办年货而发愁了。

这年又逢过春节，教书先生突然想起当年赊鲜肉过年的往事，感慨万千，欣然做打油诗一首："想当初，可怜可怜真可怜，煮熟鲜肉还现钱；看今朝，有朝一日时运转，朝朝日日当过年。"

这个故事也说明了"爱出者爱返，福往者福来"的深刻哲理。

仁爱是儒家思想的主要内容，也是和谐社会的重要思想基础。仁爱作为一种做人的美德，成为古今中外各界人士所崇尚的行为。有智慧的人，非常注重培养子孙的仁爱之心，因为广布仁爱之德的人，才能得到人们的敬重与爱戴。如果缺乏仁爱之心，人生就不会得到真正的幸福。因此，做人不可失去仁，否则心灵就失去了居所，人也就不成其为人了。

许多国外大富豪在创造个人财富的同时，也非常热衷慈善事业，将自己的财富施舍给需要帮助的社会大众。曾有人计算过，美国微软公司创始人比尔·盖茨目前的资产可以买 31 架航天飞机，或者 344 架波音 747 飞机，拍摄 268 部《泰坦尼克号》。但是事实上，富可敌国的盖茨夫妇生活很简朴，唯一可称得上奢华的只有他们位于西雅图郊区价值 5300 万美元的豪宅。不过据到过盖茨家的人介绍，这栋豪宅内陈设相当简单，并不是常人想象的富丽堂皇。盖茨曾说过："我要把我所赚到的每一笔钱都花得很有价值，不会浪费一分钱。"

在过去的几年里，盖茨把他的大量个人财富捐献给了慈善事业。据统计，盖茨至今已为世界各地的慈善事业捐出 300 多亿美元，成为世界上最慷慨的富人。目前，以盖茨夫妇两人名字命名的比尔和梅琳达·盖茨基金会是全球规模最大的私人慈善组织，其基金规模是老牌的福特基金会的 3 倍、洛克菲勒基金会的 10 倍。盖茨在伦敦庆祝自己 50 岁生日的时候，对在场的记者表示："我自己名下的巨额财富对我个人而言，不仅是巨大的权利，也是巨大的义务。我准备把这些财富全部捐献给社会，而不会作为遗产留给自己的儿女。"

有媒体报道，美国"股神"巴菲特 2006 年 6 月 25 日宣布，将自己 85%的资产捐献给慈善事业。巴菲特的总资产高达 440 亿美元，意味着他这次将捐出 370 亿美元，一举超过盖茨基金会总额为 290 亿美元的善款，而且还要多出 80 亿美元，成为世界"首善"。

在当今世界里，因为有爱世界才温暖，因为有爱世界才灿烂。只要我们人人献出一点爱心，人人学习仁人，人人争做仁人，人人则都是仁人。仁者爱人将放射出更加灿烂的光彩！

重视德性的养成

【原典】

以力服人者，非心服也，力不赡也，以德服人者，中心悦而诚服也，如七十子之服孔子也。

——《孟子·公孙丑上》

【古句新解】

用武力征服别人的，别人并不是真心服从他，只不过是力量不够罢了，用道德使人归服的，是心悦诚服，就像七十个弟子归服孔子那样。

自我品评

这里孟子论述了品德对治理国家的重要性，引申到我们的为人处世中，也同样是适用的。人的品行、道行其实就是"德"，生活中人们对自己仰慕的人最常说的就是德才兼备。

一个品行不端、德行糟糕的人不可能结交真正的朋友，也不可能获得长久的事业成功。这样的人很难有人能与之长期合作，因为这种人不是搞一锤子买卖，就是过河拆桥；他们甚至还可能因为某种利益的驱动，铤而走险以致落入法网……

正是因为这个，在我们现实的生活中，那些看似风流倜傥但内心空虚的人；那些只图享乐、追求不劳而获的人；那些对于个人得失斤斤计较、唯利是图的人；那些投机钻营、见风使舵、两面三刀的人以及为谋求私利、苟且偷安而不惜辱没人格品性的人，都会被认为是失去了德性从而使生命黯然无光的人。伟人和圣者的德性是至善至美的，我们通常只能高山仰止，心向往之。但是，我们并不能因此而放弃自我德性的修养。否则，我们就丧失了生命底色的光芒。

每一个有意义的人生，都因其独特的德性而点缀着大千世界的处处风景。虽然这一风景不一定形成胜景，但是，只要这风景有其独特而崇高的风味，能充实自我的生命，能丰富我们的社会，它就是有价值的。

古人云："石蕴玉而生辉，水怀珠而川媚。"的确，人的内在崇高德性一旦形成，就一定会流溢于生命的感性形象之中，使我们的生命具有一种绚丽的华彩。因此，要走向成功，需要以德立身，这是一个成功者必须确立的内在标准，没有这个内在的标准，人生之路就会失去支撑，最终导致失败将是必然的。同样，在做人处世中，要想在人际交往中畅通无阻，成为一个人人喜欢的人，以德立身也是必不可少的。

据《论语》记载，曾子每日必自觉地反思这样三个问题：其一，答应为别人做的事，有没有不尽心竭力去做？其二，与别人交往有没有不讲信用，甚至虚伪的地方？其三，所学的东西有没有真正付诸实施？曾子德行的高尚，我想肯定首先得益于他的这种自觉。

这种自觉常常也是生命快乐的来源。在与人交往中，我们总是可以碰到个别胡搅蛮缠、极令人讨厌的家伙，倘若我们还以胡搅蛮缠，或者诉诸愤慨，那是不明智的。孟子的办法是："有人于此，其使我以横逆，则君子则必自反也……其自反而仁矣，自反而有礼矣，其横逆由是也。此亦妄人也已矣。"一句"妄人也已"的蔑视，我们便可以走出烦恼的心境。这无疑是一种潇洒的"仁者无忧"之境。

倘若，没有这种理性的自觉，没有对生命的这种"反求诸己"，我们或许会把自己的人生输得一败涂地。

1999年3月，美国的《读者文摘》刊登了一篇文章，作者写道：我应邀为一家银行诊断员工士气低沉的原因，年轻的银行总裁叹气说："我真不明白哪里出了问题。"他精明能干，由底层晋升至现在的高位，却发觉银行业务日渐衰落，他归咎于部属工作不力。"我使尽浑身解数激励员工，他们还是无法振奋。"

他说得对。银行里到处弥漫着互不信任的气氛。我与员工多次私下交谈之后，终于明白了真相。所有员工都知道，这个已婚的年轻总裁与一名女职员有婚外情。现在事情清楚了：银行业绩差劲是受总裁品德所累。他只顾偷欢，忽略了其行为的后果。

由此可见，品德其实对每一个人来讲都极为重要。品德由种种原则和价值观组成，给你的生命赋予了方向、意义和内涵。品德构成你的良知，使你明白事理，而非只根据法律或行为守则去判断是非。因此，正直、诚实、勇敢、公正、慷慨等品德，在我们面临重要抉择之时便成了首要内在标准。

没有德性的看护，我们的社会将会陷入人人自危的境地；我们将自绝于创造的文明；而我们的社会就将变成人人凭感性冲动和物欲办事的角斗场。由德性所铸成的道德自觉和心灵秩序，将是扼制恶欲、恶念、恶势力的蔓延和滋长的精神武器。德性无形，于心灵深处凝结，化理想、美德为日常行为。我们之所以必须重视德性的力量，其根本原因便在于德性在塑造人的心灵秩序和人格结构方面具有不可替代的作用。

注重道德，以正其身，才能有资格赢得人们的喜欢，在灯红酒绿的现代生活里，很多人抵挡不住诱惑而丧失操守、道德沦丧，纷纷坠入堕落的深渊，我们一定不能掉以轻心。

善有善报，恶有恶报

【古句新解】

践行仁义之人会得到荣耀，而行不仁不义之人，则会自取其辱。

自我品评

"善有善报，恶有恶报"是佛教教人向善的一种人生循环报应观，它注重人心灵上的扬善抑恶。在这里孟子也提倡这种循环报应观，认为仁者必能获得好的结果，而不仁不义之人一定不会有好的下场。

战国时，齐相靖郭君门下有一位门客叫齐貌辨。这个人毛病很多，除了靖郭君，其他的门客都不喜欢他。门客士尉为这件事劝谏靖郭君，但是靖郭君不听，于是士尉离开了靖郭君的门下。孟尝君私下也为这事劝说过靖郭君，靖郭君大怒说："就算把你们都杀死，把我的家拆得四分五裂，只要能让齐貌辨先生满足，我也在所不惜!"他让齐貌辨住在上等客舍，让自己的长子侍奉着。

过了几年，齐威王死了，齐宣王即位。靖郭君为人处世的方法很不为宣王赞许，他被迫辞官，回到封地薛处居住，依然跟齐貌辨在一起，在薛地住了没多长时间，齐貌辨向靖郭君辞行，请求让他去拜见宣王。靖郭君说："大王不喜欢我到极点了，您去肯定遭到杀害。"齐貌辨说："我本来就不是去求活命的。但是我一定要去!"靖郭君劝不住他，只好答应他去见齐宣王。

齐貌辨到了齐国都城。齐宣王听说了，非常生气地等着他。齐貌辨拜见了宣王，齐宣王说："你就是靖郭君言听计从、非常喜爱的那个人吧?"齐貌辨回答说："喜爱是有的，至于言听计从那根本谈不上。有两件事说给您听听，大王您就知道了。一件事是，大王做太子的时候，我曾对靖郭君说：'太子耳后见腮，下斜偷视，相貌不仁，这种人会违背常理而行事，不如废掉太子，改立卫姬的幼子校师。'靖郭君流着泪说：'不行。我不忍心这样做。'如果靖郭君当时听从我的话并这样做了，一定不会有今天的祸患。第二件事是，靖郭君回到封地之后，楚相昭阳请求用大于薛地几倍的地方交换薛城。我劝他说：'应该答应他。'靖郭君不同意，说：'我是从先王那里继承的薛地，现在虽然被后王所厌恶，但是我忠于先王的心依然没有变，我要是把薛地换给别人，又怎么对得起先王呢?'这两件事就足以证明靖郭君对您的忠心。"

齐宣王听后长叹，神情激动地说："靖郭君对我竟爱护到这样的地步，我年龄还小，这些都不知道。您愿意不愿意替我把靖郭君请回来呢?"

齐貌辨回答说："好!"于是，靖郭君回到国都，穿着齐威王所赐的衣服，戴着齐威王所赐的帽子，佩带着齐威王所赐的宝剑。齐宣王亲自来到郊外，流着眼泪迎接靖郭君，并请他出任齐国宰相。

靖郭君因为待友以仁，与齐貌辨患难相扶，肝胆相照，所以在他不如意之时得到了齐貌辨的仁义回报，这种仗义的仁德之举，足以令每一个虚伪之徒汗颜。再看下面一个故事：

唐玄宗晚年，忽发奇想，遣使送信与三镇节度使安禄山，诚邀安禄山去长安华清宫与杨贵妃共洗温泉浴。安禄山接信之后，召集手下诸将于府中，一连两日喝酒吃肉，临行前，送给每位将军大批的财物和一封密信，将领回去后拆信，却是吩咐他按照信中路线立即进军长安的命令。于是安禄山手下的二十余万大军向长安进发，而此时，属于唐室的军队不过才十万人。

"渔阳鼙鼓动地来，惊破霓裳羽衣曲"。短短的三十四天，安禄山就从范阳打到了洛阳。次年正月初一，安禄山在洛阳称帝，国号大燕，把天宝十五年改为圣武元年，一派改朝换代的架势。这一下叛乱谋反的面目大暴露，先前所谓"奉密诏讨杨国忠"的幌子，完全是骗人的，至此，安禄山顿失人心，沦为"乱臣贼子。"

然而安禄山却不相信仁义道德有什么用处，他只知道钢刀是硬的，人的脖子是软的。当他相信这种思想的时候，他的儿子安庆绪当然也会全盘接收。于是安庆绪决定效法父亲，也弄个皇帝来玩玩，就密约安禄山的近侍李猪儿，趁夜晚走进安禄山的营帐中，拿刀对着安禄山的肚皮猛砍，至此一命归西。

死在自己的亲生儿子手中，这实在是一个人间惨剧，但凡是这样的父亲，多半自己有着严重的问题，如安禄山，迷信于残暴的武力，所以亲生儿子就用他教的这些东西来回报他，或许安禄山死前能够想到这些吧？

俗话说："善有善报，恶有恶报。"安禄山之死并非是一个特例，正是恶有恶报的最佳例证。

佛经《圣愚经》中有这样一则故事：波罗奈国有兄弟两人，名字叫善求和恶求，善求为人善良，而恶求却总是作恶不已。一次兄弟俩旅行时迷失在漫无边际的沙漠中。于是，善求便祈求神灵保佑，祷告一番后果然出现了一棵大树，树旁有一条小溪。神灵告诉他："你只要砍去树枝，所需的东西就会出现。"善求和恶求都得到了他们所要的东西。可恶求又暗自盘算：如果挖出树根，不是能得到更多的好东西吗？然而，当恶求费尽九牛二虎之力挖出树根时，突然底下冲出五百恶鬼，把恶求撕碎了。

这样的善恶报应故事在民间也是不计其数的。与其说这是一种神灵的力量，不如说是人性的一种善良愿望。

"善有善报，恶有恶报"。这是客观事实，也是事物发展的客观规律。刘备临终时给儿子阿斗留下遗嘱："不以善小而不为，不以恶小而为之。"这是警世之言。存心做恶者应三思而后行。

君子成人之美，不成人之恶

【原典】

人皆有不忍人之心。

——《孟子·告子上》

【古句新解】

每个人都有怜悯体恤别人的仁心。

自我品评

在此，孟子从人性的前提推导政治，从人人都有"不忍人之心"的仁心推导仁政。所以孟子认为仁政是天经地义的。这一推导本身似乎没有产生很大影响，但是，这一前提"人皆有不忍人之心"倒是产生了巨大的影响，尤其是在此基础上所提出的"仁义礼智"都发端于这种"不忍人之心"的看法，成了中国古代哲学中"性善论"的理论基础和支柱，也是孟子仁爱思想的主要体现。

世上的问题大多起于纷争。文人争为名，商人争为利，勇士争为功，艺人争为能，强者争为胜。争本身并不是坏事，它能促使人向上，促进事业的发展。但是争也要合乎规矩，不能采取不正当的手段，干损人利己的事。

公元前 283 年，蔺相如完璧归赵之后，接着又在渑池会上巧妙地跟秦王争斗，维护了赵王的尊严。赵惠王见他功劳大，就提拔他做了上卿，地位在老将军廉颇之上。

这样一来，廉颇可恼火了，他对人说："我在赵国做了那么多年的大将，为赵国立了很多的战功，而蔺相如本来是一个出身贫微的人，只说了几句话，就把职位摆在我的上边，我实在感到没脸见人。"他扬言："我要是遇上蔺相如，一定要好好羞辱他一番。"

蔺相如听到廉颇这些话后，就处处忍让，尽量不与廉颇见面。每天上早朝时，他就说有病，躺在家里不去与廉颇争位次。有一次蔺相如乘车外出，刚巧遇上廉颇，就连忙驾着车子躲开他，蔺相如身边的人，看到这种情形都很气愤，说蔺相如太软弱、畏缩了，不用说是他，就连在他身边任职的人也感到羞惭，于是大家都说要离开他。

蔺相如坚决不让他们走，并向他们解释说："你们想想看，秦王那样威严，我仍然敢在秦国的朝廷上当众斥责他，我蔺相如再软弱，也不会惧怕廉颇将军。我只是在想，强暴的秦国之所以不敢侵犯赵国，是因为我们的文臣、武将能同心协力的原因。我与廉颇将军就好像是两只老虎，两虎相争，结果肯定不能共存。我之所以采取忍让的态度，首先是考虑到国家的安危，然后才是个人的私怨呀！"

没过多久，这些话就让廉颇知道了。这位老将军对于自己的言行，感到既悔恨又惭愧，于是，为了表示自己认错改过的诚意，就脱掉上衣，背着荆杖由宾客领着来到蔺相如家里请罪。一见到蔺相如，老将军就恳切地说："鄙贱之人，不知将军宽阔的胸怀之至此也。"意思就是说：我这个粗鲁的人，却不知将军对我是如此的宽宏大量啊！

从这以后，蔺相如和廉颇这一相一将，情谊更加深厚，最终成了生死与共的朋友，通力合作，尽心尽力地把国家的事情办好。

从这个故事当中我们可以看出，廉颇开始的"争"，是因为他对蔺相如并不了解；同时，他这种"争"也是光明正大、讲究风度的。而蔺相如则以更为博大的胸襟和高风亮节的气概把廉颇给征服了，从而把他"争取"了过来。他们这种君子之间的"争"与"和",成为了千古流传的佳话。

很多人认为,生活就像一场争斗。实际上这种看法是片面的。真正的有眼光、办大事的人,他们从不把精力浪费在斤斤计较的小事上,更不会本末倒置地去与人相互争夺。他们的胸怀和风度,当然也能使对方折服。

第一次登陆月球的太空人其实共有两位,除了大家所熟知的阿姆斯特朗外,还有一位是奥尔德林。当时阿姆斯特朗说过一句话:"我个人的一小步,是全人类的一大步。"这早已是全世界家喻户晓的名言。在庆祝登陆月球成功的记者会上,一个记者突然问了奥尔德林一个很特别的问题:"阿姆斯特朗先下去,成为登陆月球的第一个人,你会不会觉得有点遗憾?"

在全场注视下,有点尴尬的奥尔德林很有风度地回答:"各位,千万别忘了,回到地球时,我可是最先出太空舱的。"他环顾四周笑着说,"所以我是由别的星球来到地球的第一个人。"大家在笑声中,都给予他最热烈的掌声。

君子之学是为了进德修业,修身养性,与人无争,成人之美,与世也无争。身为现代社会的人们,虽大多都不讲什么"君子风度",但"游戏规则"还是要遵守的,否则,将会落得四面楚歌,被"请"出局。

不吝赞美方能赢得他人心

【原典】

恻隐之心；人皆有之；羞恶之心，人皆有之；恭敬之心，人皆有之；是非之心，人皆有之。

——《孟子·告子上》

【古句新解】

同情心、羞耻心，人人都有；恭敬心、是非心，人人都有。

自我品评

在我们分析孟子仁政思想时，可以发现，孟子的仁政思想是建立在性善论的基础之上。孟子以为要隐恶扬善，就要不吝赞美。这一观点用在现代我们的为人处世中同样重要。

人际交往中，如果你乐于赞赏他人，善于夸奖他人的长处，那么你的交往快乐指数就会大幅度地提高。赞美是人际交往成功的一种重要技巧，在适当的时间给予他人赞美，不仅可以使对方获得信心和动力，还会让对方因此而喜欢你，而你自己也将受益匪浅。

一位母亲带着孩子来到了心理学家的家里，孩子的母亲说："我这个孩子几乎没有任何优点，让我伤心透了。"于是，心理学家开始从孩子身上寻找某些他能给予赞许的东西。结果他发现这孩子喜欢雕刻，并且工艺很巧妙，而在家里他曾因在家具上雕刻而受到惩罚。心理学家便为他买来雕刻工具，还告诉他如何使用这些工具，同时赞美他："你知道，你雕刻的东西比我所认识的任何一个儿童雕刻得都好。"不久，他又发现了这个孩子几件值得赞美的事情。一天，这个孩子使每一个人都大吃一惊：没有什么人要求他，他把自己的房间清扫一新。当心理学家问他为什么这样做时，他说："我想你会喜欢。"

人类本性上的需求之一是期望被赞美、钦佩、尊重。希望得到尊重和赞美，这如同食物和空气一样对我们很重要。马斯洛的需求层次理论也指出，人在温饱之后，最希望得到的就是"自我实现"。可见，喜欢被赞美是每个人的天性。听到别人赞扬自己的优点，就会觉得自身价值得到了肯定。

在一家餐厅里，有两位客人同时向老板要求增添稀饭时，一位是皱着眉头说："老板，你为什么这么小气，只给我这么一点稀饭？"结果那位老板也皱眉说："我们的稀饭是要成本的。"还加收他两碗稀饭的钱。另一位客人则是笑着说："老板，你们煮的稀饭实在太好吃了，所以我一下子就吃完了。"结果，他得到一大碗又香又甜的免费稀饭。

人在被赞美时心理上会产生一种"行为塑造"，我们会试图把自己塑造成具有某种优点的人。并且，这种塑造有心理强化作用，会不断鼓励自己向着某个好的方向发展，真正具备人们口中的某些优点。正是在这种自我塑造的过程中，我们产生了一种不断前行的力量。赞美他人，是我们在日常沟通中常常碰到的情况。要建立良好的人脉圈，恰当地赞美别人是必不可少的。事实上，我们每个人都希望自己的工作或所取得的成果受到别人的赞美。

人人都喜欢被赞美。美国著名社会活动家曾推出一条原则"给人一个好名声"，让他们去达到。他们宁愿做出惊人的努力，也不会让你失望。我国清朝出现过一部名为《一笑》的书，里面记载了这样一则笑话：

古时有一个说客，当众夸口说："小人虽不才，但极能奉承。平生有一愿，要将一千顶高帽子戴给我最先遇到的一千个人，现在已送出了 999 顶，只剩下最后一顶了。"一长者听后摇头说道："我偏不信，你那最后一顶用什么方法也戴不到我的头上。"说客一听，忙拱手道："先生说的极是，不才从南到北，闯荡了大半辈子，但像先生这样秉性刚直、不喜奉承的人，委实没有！"长者顿时手捋胡须，洋洋自得地说："你真算得上是了解我的人啊。"听了这话，那位说客立即哈哈大笑："恭喜恭喜，我这最后一顶帽子刚刚送给先生您了。"

这只是一则笑话，但它却有深刻的寓意。其中除了那位说客的机智外，更包含了人们无法拒绝赞美之辞的道理。之所以如此，最主要的原因便在于赞美他人能满足他人的自我肯定。如果你能以诚挚的敬意和真心实意的赞扬满足一个人的自我肯定，那么任何一个人都可能会变得更令人愉快、更通情达理、更乐于协力合作。美国的一位学者这样提醒人们：努力去发现你能对别人加以夸奖的极小事情，寻找你交往的那些人的优点，那些你能够赞美的地方，要形成一种每天至少五次真诚地赞美别人的习惯，这样，你与别人的关系将会变得更加和睦。

赞美他人能沟通自己与他人的感情。特别是当你与他人产生隔阂时，关心对方，注意和肯定他人的长处，是消除这种隔阂最有效的方式。另外，对于自己不太亲近的人，恰到好处地给予赞美，也会使双方增加亲近感，建立更进一步的人际关系。赞美可以使人们的关系亲近。同时，赞美他人还可以反过来激励自己。被人赞美的，肯定是一个人的长处。而在发现他人的优点和长处的同时，我们也会发现自己的差距，并促使自己努力赶上去。所以赞美他人，在鼓励他人进步的同时自己也会得到进步；这也许就是前面所说的赞美他人，自己也可以获得多方面的回报。

当然，赞美别人并不是随意附和，更不是信口开河，那种毫无顾忌的赞美只会令人生厌，在我们运用赞美定律时应遵循以下几个原则。

　　真诚。赞美别人要出于真诚，所讲的内容是对方确实具有的或即将具有的优秀品质或特点，而不要口是心非，让对方感觉你言不由衷或另有所图。

　　迎合对方的心理需求。你所赞美的内容应是对方感兴趣或是能够引起对方兴趣的，如称赞已婚女性身材苗条，赞扬老年人身体硬朗，说孩子聪明伶俐，这些都能起到良好的作用。

　　赞美的话要具体，否则就会给人以敷衍了事的感觉。我们要通过细心的观察，然后发出肺腑之言，对方才会满意接受。

仁爱成就一流企业

【原典】

君子以仁存心，以礼存心，仁者爱人，有礼者敬人，爱人者，人恒爱之。

——《孟子·离娄下》

【古句新解】

君子内心所怀的念头是仁，是礼。仁爱的人爱别人，礼让的人尊敬别人。爱别人的人，别人也一直爱他。

自我品评

"仁爱"思想是儒家的核心思想，孟子认为爱与敬是双向的，没有播种就不会有收获。只有以仁爱之心对待别人，社会和企业才可能有一个和谐安宁的环境。企业的领导、企业家们要以仁爱之心去对待自己的员工，同样员工们也应该以仁爱之心去对待企业的领导与管理人员。只有这样，企业才能产生出内在的凝聚力。

"人心齐，泰山移"，全体员工的同心协力、一致努力是企业能获得最终成功的有力保证。而要做到这一点，管理者就要多关心员工的生活，对他们遇到的事业挫折、感情波折、病痛烦恼等"疑难病症"

给予及时的"治疗"和疏导，建立起正常、良好、健康的人际关系，从而赢得员工对公司的忠诚，增强员工对公司的归属感，使整个企业结成一个凝聚力强的团体。

管理典范摩托罗拉的总裁保罗·高尔文不仅本人辛勤工作，而且重视正直的员工，一直对为他工作的员工十分关怀，以诚相待。他珍视并忠诚于和同事间的关系，也因此，许多极具才华的人对他怀着深厚的感情，愿意追随于他的左右。

他曾亲自干预员工的酗酒问题。他打电话把酗酒人召唤来，同他谈话，试图说服他接受适当的治疗，以摆脱酗酒的恶习。一次，当管理人员建议把一个不可救药的员工开除时，高尔文要求先和这个人谈谈。20年后，这位员工仍被雇用，而且成了管理人员。

高尔文对下属无微不至的关怀的大量故事在摩托罗拉的工厂中流传。在一条生产线上作业的一个女孩，她父亲不是摩托罗拉的员工，身患癌症，在家养病；高尔夫叫这个女孩回家照看她的父亲，并照发全部工资。他还从自己的腰包中拿出钱来，替一个员工的子女交纳大学的学费，为一个员工的妻子交纳分娩费。这些慷慨解囊的行为不仅仅表现在员工遇到极度困难时。

高尔文乐于将自己的好运同别人共享。在经过头几年艰苦奋斗，企业终于开始有改进后，高尔文告诉和他共同创业的人，他们在工资之外，应分享到公司增加的财富。他要他们理解，他们在公司未来的岁月中会受到公平对待，就是说，送给他们每人一些股票。

他告诉自己的下属："我不要你们跟我一辈子，只靠工资为生。我希望你们和你们的家庭在公司中也是股东，如此，一直到退休，你们都有奔头。"

摩托罗拉员工成立了许多组织，第一批组织中有几个于1938年成立。其中最重要的是"服务俱乐部"，它把1928年和高尔文共同创业10年的老员工组织在一起，摩托罗拉服务俱乐部的第一次集会于1939年在高尔文的办公室举行，与会的有9个员工，3个是1928年进来的，

6个是1929年来的，他们聆听了高尔文热情洋溢并表示感谢的贺词后，都感情激动，热泪盈眶，发誓他们不会让高尔文失望。

同美国重要企业的很多其他创办人相比较，高尔文在更大程度上以公司为生命。高尔文强烈地意识到：他必须用他的真诚感情说服他的员工，使他们认识到"一个公司只能在它的员工参与管理后，才能发挥效能，否则，它只能是死水一潭"。他排除种种障碍取得的成功是由他的员工对他表示的尊敬与爱戴来显示的，没有在那些艰难困苦与磨炼的创业年代里建立起来的这个忠诚的核心，摩托罗拉是不可能创造出今天的辉煌的。

韩国高丽大学校长洪一植先生曾在《经济人》周刊上，发表一篇题为《21世纪韩国的企业和道德性》文章，文章中指出：道德性是优秀企业文化的绝对标准。立足于道德性树立企业文化，是成为世界第一流企业的首要条件。他认为，应该弘扬传统文化。只有创造性地继承和发扬民族文化中固有的道德性，才能真正成为世界第一流的企业。洪一道先生的这些思想，对于我们来说，具有启发性，值得深思。换言之，我们的企业要想成为世界第一流的企业，必须要弘扬我们民族文化中的道德性，其中基本的就是"仁爱"的思想。

善诗伙伴，视他们为朋友

君之视臣如手足，则臣视君如腹心；君之视臣如犬马，则臣视君如国人；君之视臣如土芥，则臣视君如寇仇。

——《孟子·告之上》

【古句新解】

如果君主把臣下当手足，臣下就会把君主当心腹；君主把臣下当狗马，臣下就会把君主当一般不相干的人；君主把臣下当泥土草芥，臣下就会把君主当仇敌。

自我品评

孟子在此指出了君与臣之间的关系，只有君主把臣民当作手足，那么臣民才会对君主死心踏地。这是孟子仁爱论之一。这一观点运用于企业管理中，可以理解为管理者把员工当作朋友，员工才会对公司死心踏地。

俗语说："一个篱笆三个桩，一个好汉三个帮。"一个人，即使是天才，也不可能样样精通。所以，他要完成自己的事业，就必须善于利用别人的智力、能力和才干。

作为企业管理者，要最大限度地调动下属的工作积极性，最好不要把自己和员工定位为雇佣和被雇佣的关系，而要把员工当作自己的朋友，这样他们才会在关键时刻助你一臂之力。

人是一种感情动物，他必须时刻进行感情上的交流，他需要获得友谊。在迈向成功的道路上，要想坚持到底，仅仅依靠信念的支撑是不够的，还必须有友谊的滋润。良好的人际关系会使你获得一种强大的力量和热情，在成功时得到分享和提醒，在挫折时得到倾听和鼓励，这必将会有助于你心理的平衡，从而有勇气迈向新的征程。

许多人片面地认为，商场就是战场，充满着尔虞我诈的斗争，根本没有什么人情好讲。其实不然，要想在商场上不被淘汰掉，你就必须懂得广交朋友，善于用"情"，这样你会收到意想不到的收获。

香港富豪李兆基就非常善于处理人际关系，这使他的生意也充满了人情味儿，并且获益匪浅。他的哲学是：对长期合作伙伴，一定要让彼此皆大欢喜。

1988年的一天，建筑部的经理偶然向李兆基提及，说承接恒基集团一项工程的承包商要求他们补发一笔酬金，遭到建筑部的拒绝。

李兆基便问："那个承包商为什么要出尔反尔呢？一定有他的原因吧？"

"是的。"建筑部的人回答，"他说他当初落标时计算出了差错。直到如今结账时，才发觉做了一桩亏本生意。"

本来，这桩买卖是签了合同的，有法律保障，大可不必对此进行处理。但李兆基却说："在市道不俗时，人人赚到钱，唯独他吃亏，也是够可怜的。法律不外乎人情，承包商是我们的长期合作伙伴，反正这个地盘我们有钱赚，也就补回那笔钱给他，皆大欢喜吧！"由此可见，注重人情投资也会使你获利。无论做什么事，一定要讲点儿人情味。

李兆基之所以能成为亿万富翁，这与他善于经营人际关系有着十分重要的关系。

凡跟李兆基合作过的人都对他赞不绝口，认为他是最照顾伙计利益的好老板。

为了取得同事的精诚合作，李兆基给几位重要的管理决策人员一些机会，让他们投股于一些十拿九稳的房地产项目上，让他们能赚到比薪金多几倍的利润。使员工分享业务的盈利，感受做生意的乐趣，对士气肯定会有良好帮助，这是李兆基的一贯态度。

有一次，李兆基就拿出某地产项目15%的股份让身边的5位员工入股，结果，有一人没那么多钱，只好把股份放弃了2%。

李兆基知道了这件事，在问明原委之后，对他说："我有机会赚1万，就希望你们赚10万。这样吧，我把我名下的2%股份让给你，股本暂时你欠我的，将来赚到钱，你再偿还给我吧！"于是，大家都赚到了钱。对于李兆基来说，真是本小利大；付出小小的钱，就能赢得一团和气，合作愉快。

对于普通员工，李兆基同样是善用人情，巧妙关怀，扶危济急，赢得一片忠心和无限感激。

有一次，李兆基身边一位任事多年的下属因自己炒楼炒股失败，血本无归，又被证券经纪行强迫平仓，搞得欲哭无泪，走投无路。李兆基知道了这件事，也不等对方开口，马上叫来会计，嘱咐说："替他平仓吧。"

当时李兆基的恒基集团也欠下银行很多的债务，可以说是自顾不暇，而市场又不景气。会计便忍不住问了句："在这个时候帮他吗？"李兆基说："就是这个时候，我不帮他，还会有谁帮他？"

这一做法自然是让那位下属感激涕零，做起工作来更加勤恳卖力了。

和气生财，这是李兆基成就事业的秘诀之一。

不论对上对下、对内对外，良好的人际关系有时就是一笔巨大的投资，必然会在你需要的时候给你丰厚的回报。把这种方式用在管理中，处处为员工着想，像对待朋友一样对待他们，他们怎么能不感动，又怎会不为你卖力地工作呢？

想成为一名卓越的管理者，就必须注意加强你所领导的这个集体的凝聚力，并把这种凝聚力潜移默化地灌输到员工心里面去，对此绝不可掉以轻心。你必须把员工当作你事业上的伙伴和朋友，而非你的佣人。只有这样，你才可能得到他们的回报——尽心尽力地为你工作。

心存善念，成就大德

【原典】

取诸人以为善，是与人为善者。故君子莫大乎与人为善

——《孟子·公孙丑上》

【古句新解】

选取学习别人的优点用来完善自己，这是和别人一起做善事。所以君子最崇高的德行就是同别人一起行善。

自我品评

与人为善是中华民族的传统美德，是为人处世的重要准则，"与人为善"包含着丰富的内涵，孟子的意思是：君子最崇高的德行就是协同别人一起行善。但后来，与人为善的含义有所拓展，多指以友善的态度对待别人，为他人着想，乐于助人。

善良是生命的善金。多一些善良，多一些宽容，多一些理解，我们的世界将会变得更加美好。"勿以恶小而为之，勿以善小而不为"，让我们人人都心存善念，从小善做起，保持一颗善良之心，相互温暖着在人世间行走。

印度北部有个村庄，叫格依玛村。这里土地贫瘠，人们生活穷困，

连填饱肚子都成问题。离格依玛村不远有一条简易公路，经过那里的车辆经常发生事故。有一次，一辆装载着食用罐头的货车在那里翻进了沟里。司机受了伤，拦了一辆车去了医院，而那些货物无人看管。格依玛村的村民见了，就将那些罐头偷偷地运回家，一连好几天，家家户户都有罐头吃。这件事给了格依玛村民启发，俗话说，靠山吃山，靠水吃水，他们完全可以靠路吃路了。但车祸毕竟不会经常发生。于是，他们想到一个主意，晚上，趁公路上没人的时候，他们就拿着工具，把公路的路面挖得坑坑洼洼。这样一来，车子在那里出事故的几率就多起来。

他们想即使车子在那里不出事故，但因路况太差，所有车子行进速度都会大大减缓，村民们会跟在车后，趁司机不注意，偷偷地从车厢里拿走一些他们需要的东西。这件事在渐渐演变，起初，他们只是偷拿一些食物，后来，其他货物他们也拿，拿了好送到市场上去卖钱。

再发展到后来，他们就明目张胆地抢了。一时间那条简易公路成了最不安全的路段，每个月都会发生几起抢劫案。警局出动警力破案，他们在现场抓住了两个正在抢货的格依玛村民，给这两个村民量刑。但这样做并没有威慑住其他村民，反而让村民们学会了作案时更加隐蔽更加机警。他们作案开始有组织有分工，有专人负责把风预警，抢到货物后就拿回家藏起来，或者更换货物的包装，让前来搜查的警察找不到物证。

当地政府也想了很多办法，想让格依玛村民放弃哄抢货物的不道德和非法行为，引导他们走上正途。无奈，格依玛村民已经从哄抢货物中尝到甜头，他们习惯了这种不劳而获的生活方式。所以哄抢货物的事在格依玛村附近屡屡发生。

后来，因为从格依玛经过常丢失货物，所以，许多货车司机选择绕道行驶避开格依玛路段，这样一来，格依玛村民好几天没有收获。这一天，终于有辆货车从那里经过，车上装的是一袋袋磷酸酯淀粉，是一种工业用淀粉。大家就一拥而上，抢走了二十多袋磷酸酯淀粉。

司机是个小伙子，见有人抢了他的货，便停下车，跟在抢货人的身后往格依玛村追。这样一来，反给了其他人机会，他们不慌不忙地将无人看管的车上的所有淀粉搬了个空。小伙子追进村子，就请求村民将他的货还给他，但格依玛村人都不承认拿了他的东西。小伙子百般恳求都没用，他只得告诉村民们，那些磷酸酯淀粉不是普通的食用淀粉，而是工业淀粉，那是有毒的，吃了会死人，拿去也没用。

小伙子说的是实话，但格依玛村人都不相信，因为这种磷酸酯淀粉无论是从色泽还是手感上，都与他们平时吃的食用淀粉毫无区别。小伙子见村民们不信，吓得不知所措。他本想去警局报案，但是又担心他一离开，真有人将那些淀粉做成食品吃了而闹出人命。

他一家家登门去说明情况，甚至向村民们下跪，请求他们："千万别吃那些淀粉，那样是会死人的。"小伙子的不懈努力，让村民们对他的话将信将疑。有人就将那种淀粉拿来喂鸡，结果吃了这种淀粉的鸡不一会儿就死掉了。这下，村民们惊骇了，继而是深深的感动。他们抢了小伙子的货，小伙子理应怨恨他们，即使他们吃了那种淀粉被毒死，也是罪有应得。可小伙子为拯救他们的生命不惜给他们下跪来请求他们别吃这些淀粉。

这样的爱心，这样的善良，这样的胸襟，让他们羞愧难当，感动不已。村民们自发地将那些工业淀粉都交了出来，重新送到了小伙子的车上。自此之后，格依玛村人再没哄抢过货物，即使有人想打过往车辆的主意，立即就会有人站出来说话了："想想那个好心人吧，我们伤害了他，他却救了我们全村人的命。想想他我们还有脸继续干这种伤害别人的勾当吗？难道我们真的是魔鬼？"格依玛附近的那段公路太平了。

人的善念是可以唤醒的，就看你怎么去唤醒。即使在一个道德急速下滑的社会中，只要还有人义无反顾地坚持善良，无私地为他人付出，那么这个社会就是有希望的。任何人心里，其实都有一根善良的弦，这根弦，只有爱心才能拨得动它。想要人善良，首先付出你的爱，再恶的人，用你的爱，都能唤醒他的善良，让他摒除恶念。

金钱和物质并非现代社会的全部意义，中国人传统的"温、良、恭、俭、让"在现实世界中同样存在着广阔的适用性。选择善良吧，就像在人生的银行中储存了一笔巨款，说不定将来它就会在你的生命里发挥巨大的作用。

第四章 长幼有序

——孟子这样说伦理

性善论是孟子伦理思想的基础，他继承了孔子确立的孝悌为本，仁者爱人的家族主义伦理观，并进一步将其推行和应用到社会政治生活中，孟子认为君主只要善于推恩，便能运用家族主义伦理治理天下，"老吾老，以及人之老；幼吾幼，以及人之幼，天下可运于掌。"孟子的这一思想对于我们现代人的为人处世有着极大的启示。

孝乃人伦之根本

【原典】

桃应问曰："舜为天子，皋陶为士，瞽瞍杀人，则如之何？"孟子曰："执之而已矣。""然则舜不禁与？"曰："夫舜恶得而禁之？夫有所受之也。""然则舜如之何？"曰："舜视弃天下，犹弃敝屣也。窃负而逃，遵海滨而处，终身欣然，乐而忘天下"。

——《孟子·尽心上》

【古句新解】

门人桃应问道："舜是天子，皋陶是法官，如果瞽瞍杀了人，那该怎么办？"

孟子说："把他捉起来罢了。"

桃应问："那么，舜不阻止吗？"

孟子说："舜哪能去阻止呢？皋陶的权力是有所承受的。"

桃应问："那么舜该怎么办？"

孟子说："舜把抛弃天下看得如同丢弃破草鞋一样。因此他会偷偷地背着父亲逃跑，沿海边住下来，一辈子高高兴兴的，快乐得忘了天下。"

自我品评

孝是儒学的核心思想，孔子在《论语》中曾说过："父为子隐，子为父隐，直在其中矣。"现在孟子进一步阐明：父子亲情在，乐而忘天下。如果我们不认真理解这一观点，就会轻率地得出与现代法制思想相冲突的结论。

中国人为人处世，以忠孝仁义为准则，而孝则是忠、仁、义的基点，由此可见，孝是为人处世的第一准则。一个人具有孝悌的真情至性，做事就会有分寸有原则，不会做出出格的事情。他们会从根本上通过孝悌确立自己的人生观和内在的品格修养，于是他们的为人处事之道也就自然产生了。就此而言，孝道，应当是一个人道德品质的核心和底线，一个"孝"字，实在应该是人性的根基。

孝，千百年来一直是人们所推崇奉行的。因为人一出生，母亲就用甘甜的乳汁来哺乳他，用体温来温暖他，他才得以长大成人。长大后还要靠父母含辛茹苦地精心培育，直到完成学业。父母对子女的养育之情，可谓无私至极。可是在现代社会里，由于市场经济产生的巨大冲击，一些人的思想观念和社会道德观念正在悄悄地发生变化，人心在所谓的物欲横流、利益至上的金钱社会中，麻木了、淡漠了。不少人便把孝道抛在一边，只顾自己享乐，不管父母如何，这真是让人寒心。

孝是一切德行的起点，是一切德行的大经大本，是放之四海而皆准的根本法则。孝道是充实自己生命的立足点，引导着生命之旅的方向，涵养着无限人生境界的价值意义。人生于天地之间，就应该有饮水思源、挖树从根的思想品德，就应该像天地运行那样，把赡养老人、孝敬父母，作为自己的一项义不容辞的神圣职责去实行。或许有人会认为，在当今之世大谈孝道有些过时，但实际上却是最合乎人性潜能发展的秘诀，也是一个人立身处世的基本品德。

这是发生在我们身边的一个真实的故事，故事的主人公名叫谢延信，是河南省焦作市焦煤集团一名普通的采煤工人。谢延信本姓刘，"谢"是他已故前妻的姓。1974 年，新婚一年的妻子生下女儿后因产后风不幸去世，在妻子灵柩前，谢延信向妻子承诺要好好照顾妻子一家人。就是这句承诺，让谢延信在妻子去世后一直信守了 32 年。谢延信义不容辞地承担起照顾丧失劳动能力的岳父岳母和呆傻妻弟的责任。为使两位老人放心，他改姓为谢，成了老人比亲儿子还亲的亲人。一个生活在社会最底层的普通矿工，挺直了腰杆，32 载风雨中用坚韧的臂膀支撑着一个虽然没有血缘关系，并且多灾多难的家庭，全身心地呵护亡妻的一家，成为了当地广为传颂的一段佳话。

不知在 32 年前，他是否想过他做出的这个承诺要付出多大的代价。毕竟他要面对的不是自己的生身父母，而是和自己仅仅共度一年时光的妻子的父母和先天呆傻的弟弟，他要坚持的也不是一年半载或者十年八载，而是漫漫无期甚至自己整个的人生。不过，这个问题已经不需要追根了，谢延信用自己的行动回答了这个问题。

在谢延信的事迹被全面报道之后，许多人都深受感动。如今的谢延信成了名人，但他依然跟以前一样，孝敬老人、帮助别人……当人们问起他成为名人后的变化时，谢延信回答说："我没什么变化，以前怎么做，今后还会怎么做。最大的变化是，在社会各界人士的关心帮助下，我们的生活好了很多，我想尽力去帮帮那些更需要帮助的人！"在谢延信的表率作用下，他的子女都非常孝顺和富有爱心，孝成了他们家的传家宝。可以说在做人上，谢延信是一个极为成功的人。

谢延信的行为令现在的许多人不解，他们有人认为：都自顾不暇了，还有闲心来管别人，这不是给自己找麻烦吗？然而，正是在这种自顾不暇的情况下，谢延信的孝才显得更有力量，更具魅力，不是吗？

自古至今，人人皆道"做人以孝为本"、"百善孝为先"。《孝经》云："孝子之事亲，居则致其敬，养则致其乐，病则致其忧，丧则致其哀，祭则致其严，五者备矣，然后能事亲。"人来到这个世界，父母的恩德最大，知父母恩、感父母恩和报父母恩是自然的孝亲过程，是做人的大根大本，这也是古人所说的"孝亲为大"的道理。但凡有心的人，都会将"孝"当成一种责任、一份义务。

诗云："蓼蓼者莪，匪莪伊蒿。哀哀父母，生我劬劳。"不管你的成就如何，不管你是莪菜还是蒿草，父母养育你的劬劳之恩，必不可忘，在他们有生之年，你必当及时报答养育之恩。这样，你才无愧于父母且有裕于后人。对父母孝敬，对兄弟亲爱，对他人才会自然生出敬爱之心，"君臣有义，朋友有信"才是有根之木、有源之水。这也是古人所说"忠臣出孝子之门"的道理所在。

孝道是一个人安身立命的根本

【原典】

老吾老以及人之老，幼吾幼以及人之幼。

——《孟子·梁惠王下》

【古句新解】

尊敬自家的长辈，推广开去也尊敬人家的长辈；爱抚自家的儿女，推广开去也爱抚人家的儿女。

自我品评

孟子在这里指出：在赡养孝敬自己的长辈时不应忘记其他与自己没有亲缘关系的老人；在抚养教育自己的小辈时不应忘记其他与自己没有血缘关系的小孩。其实，真正的孝不只是指孝顺自己的父母，更指一个人能够像对待自己的亲人一样对待身边的所有人，这种"孝"是一种超越了血缘关系的博爱。

"教以孝，所以敬天下之为人父者也。"无私博爱的胸怀是对父母亲人仁爱的基础，而对父母亲人的爱是这种更宽广的博爱在亲人身上的具体体现。一个人对其他人的感恩之心是由孝敬父母的恩德生起，对他人的仁爱之心也是从爱敬父母开始。之后这种情怀延伸到对他人、对事业、对团队、对民族、对国家存敬爱，存诚敬，是水到渠成的。因此，古有"求忠臣于孝子之门"、"举孝廉"的传统理念与"吏制"。而今，有的省、市选拔干部或有些企业选择雇员，也把"孝"作为一个条件。可见，行孝的人，容易得到朋友、群众和上级领导的信任，更容易在社会上立足。每个人都应该有一颗宽大博爱的胸怀，对周围的人都心存敬爱，把孝行发扬光大。

蒙牛的创始人牛根生信奉"小胜凭智，大胜靠德"，"财聚人散，财散人聚"的经营理念。其事业的成功，给我们诠释了孝亲是德行的原点，德行是事业的根本，是立足于社会的根本。

牛根生从小是由养父养母带大的，这使他从小就树立了一种感恩的人生态度，也对他以后事业的发展起到了相当关键的作用。"财散人聚"，这正是养母在他小的时候教给他的。作为一个懂得孝敬的人，牛根生对长辈宝贵的人生教诲恪守不渝。当然，能够做到散财也需要有一颗感恩的心，感恩为自己付出辛劳的每一位同事、朋友、伙伴以及方方面面，牛根生自小便是如此要求自己的。在他自己创业之前，曾担负一家公司的中高层管理工作。有一年年底，公司分配给他个人一笔奖金，他竟然将其全部分给了下属。还有一年，公司给他拨款一百多万元，让他买高级轿车。结果，他买了5辆面包车，因为他下属的几个部门都需要交通工具。正是这种感恩的精神，让他获得了他创业后得以成功的关键力量。

牛根生创业的时候，缺少资金的支持，他的很多老同事、好朋友听说后，二话没说大家就把钱凑来了，资金问题就这样轻而易举地解决了。蒙牛企业成立至今还不到十年，但由于企业领导人懂得感恩、关注别人的付出，因此企业发展的人事环境比较好，助力比较多。这家企业在3年内销售额增长50倍，在全国乳制品企业中的排名由第1116位上升至第4位，并且吸引了摩根斯坦利等全球知名的投资机构2600万美元的战略投资，后来企业又成功在香港上市，迄今已经成为同行业的龙头。

牛根生的成功正是对"孝道"的完美演绎，也许许多人会感到疑惑，这个故事里并没有写牛根生如何对养父养母敬养，何来"孝道"之说呢？其实，对朋友、对同事的爱正是孝道的一种崇高的境界，这种爱更令人尊敬，也更能让一个人在社会这条大道上畅行无阻。

在儒家思想里，对父母的孝，是孝在小处的体现，而"大孝"是一个更广义的人的品德。孔子说，孝，始于事亲，中于事君，终于立身。大意是说，孝，在小处体现在同亲人的关系上，中处体现在同君主的关系上，在大处体现在一个人的为人处世和道德修养上。看来，孝不仅仅是一种以回报父母养育之恩为核心的责任。

"移孝作忠"，忠孝相连。忠的本质是责任，孝于亲、忠于国、信于友，在家尽孝、在国尽忠，忠于事、忠于职、"尽忠职守"，在国与家之间"忠孝不能两全"时"舍家为国"。孝心生爱心，由爱父母而爱家庭、爱朋友、爱事业、爱祖国、爱人类，人间就变得和谐、温暖了。

孝道是中华民族优良的道德传统，已成为做人的优秀品质而融入了民族灵魂之中。作为21世纪的栋梁之才，我们更应该充分领悟到孝道的真正含义。就让我们先从孝敬父母长辈开始，学会助人和奉献，学会做人和处世。这不仅体现出一种社会文明，也是自己的品质折射，更是为人处世的第一准则。

诚信乃人道法则

【原典】

诚者，天之道也。思诚者，人之道也。

——《孟子·离娄上》

【古句新解】

诚信是天经地义的事，追求诚信，是每个人应该做的事。

自我品评

孟子认为，诚信是自然之道，追求诚信也是做人之道。一个人要想在社会上安身立命，获得上上下下的信任，必须思诚，以诚待人接物，以诚处世，才能"获于上"、"信于友"、"悦亲"、"诚身"。这是做人之正道。

诚信是中华民族的优良传统，也是人们普遍赞誉的一种美德。诚信作为一种道德规范，是指人的思想与行动应当一致，诚实无欺，言而有信，表里如一，说到做到，不折不扣地兑现承诺。

我国明代的大学问家宋濂，自小好学，却因家境贫寒只得借书自学，为了能保留好书并如期归还，哪怕是三九寒冬他也会连夜抄记，为了遵守与老师的约定，即使是鹅毛大雪，他也会奔走上路。

　　起步于 20 世纪 80 年代中期的海尔集团，从集体小企业起家，从砸毁第一台冰箱开始，扛起"真诚到永远"的大旗，征服了一批又一批的消费者。由弱到强，由强到大，为中国企业走向世界树立了光辉的典范，它的成功，也正因为它赢得了人们的信任。

　　与人交往信守诺言，什么事情说到办到，才可以赢得他人的尊重和信赖，才能在日后更好地交往、合作、办事，达成一种固定又默契的伙伴关系。

　　报纸上曾载过这样一条消息：

　　某房地产公司在售楼时曾做出过承诺：凡是购买该公司楼房的顾客，入住后，可帮助解决其子女上下学的交通问题。当时的情况是这样的：住在那一片小区里的孩子们有百分之九十都在同一所学校就读，房地产公司每天在上下学的时间派出三辆中巴接送孩子。

　　可是到后来，情况发生了变化。小区里面新建了学校，而且教学质量和设施也都不差。出于各方面因素考虑，家长们纷纷为自己的孩子办了转学手续。唯独一个上高三、即将面临高考的女孩子因为怕转学一时间适应不过来，所以还在原来的学校就读。但学校离家比较远，她上下学就成了一个问题。

　　这时候，房地产公司做出一个出乎所有人预料的决定：每天还在以往上下学的时间，单独派出一辆客车去接送女孩子，以使她的学习不受耽误。房地产公司说到做到，客车一直到女孩子毕业以后才开始停止小区和学校之间的往返。

　　为了一个女孩子值得付出这么多吗？有人提出这样的疑问。听听房地产公司的老总是怎样说的吧！他说这种付出是有价值的，因为当初在售楼时，他们有这样的承诺。既然有了承诺，就要兑现。特意用一辆客车去接送女孩子，从表面上看是不值，但这种损失是有形的、有限的，可是如果不这样做，落一个言而无信的名声，那种损失可是巨大的。

　　经过这一件事情后，顾客给予了这家房地产公司以高度的信任。

他们的楼房售出量，遥遥领先于其他房地产公司。其实这家房地产公司即使不这样做，也不会招来太多的不满和非议，但他们这样做了，其结果是给公司带来了更好的声誉、更高的效益。

由此可见"言而有信"在商业中蕴藏着巨大商机和潜力，没有谁会欣赏"一锤子买卖"的言而无信。不仅仅是在商业上，就是在人与人的交往中，守信也是同样的重要，同样可以为你赢来巨大的收益。

我们在日常生活中，与人交往办事也应该本着守信的原则。守信，是一个人立世的金字招牌。没有人会愿意和一个没有任何信誉的人交往。因为信誉是一种保障，和有信誉的人交往办事，可以使自己没有或是很少有损失，这会让人心里感到踏实、可靠，而不是提心吊胆、诚惶诚恐。

做到了诚实和守信，好人缘自然而然地就建立起来了，你会吸引来更多的人与你结识、合作、办事，生活之路被拓宽了许多。

有人把信誉看得非常重要，视它为自己成功必不可少的一个因素，这是非常正确的。不讲求信誉，这不仅仅是对别人造成损失，同时也会使自己失去很多东西，而且它还会影响与他人更进一步的交往办事，使人们逐渐地远离你。

在与人相处中，守信是一个非常重要的交往原则，应该做到"言必信，行必果"。什么事情，说到做到，做不到的，也不要说，即使说了，以后无法再收回，也要实事求是地跟对方讲明白，讲明其中的原因，并求得对方的谅解。

一个目光长远、想大有所为的人应该清楚，在社会上立足之根本不是靠坑蒙拐骗，而是真诚和信用。那些不守信用的人，他们可能会一时得意，但不会永远得意；而守信用的人，他只会一时不发达，后必会有成就。

中国有句俗语说"人言可畏"，唾沫星儿也能把人淹死。如果你是一个没有任何信誉的人，只要有一个人知道，用不了多长时间，所有的人都会知道。那时候，你就会陷入到一个非常难堪的境地中，没有谁会主动来和你交往，甚至还会故意冷落你、躲避你。这样，无论你办什么事情，走到哪里，四面八方都会是厚厚的一堵墙，想把墙推倒，可谓是难上加难。

相反，如果你是一个讲信誉的人，情况就会变得大不一样。一传十、十传百，每个人见到你，都知道你是一个讲信誉的人。他们会主动地向你微笑，如果有什么事也会帮你，这样一来，你办起事情来当然顺利。因为他们知道，你既然是一个特别讲信用的人，也必然是知恩图报的。他今日帮你，你明日也会帮他，大家来日方长。

人无诚信则不立

【原典】

君子不亮，恶乎执？

——《孟子·告子下》

【古句新解】

君子不讲信用，怎么能够有操守。

自我品评

孟子把诚信看作做人的根本。人际关系的链条是紧密相连、互相依存的，一旦由于失信出现了断裂，就难以安身立命了。每个人的诚信，是自身生存和发展的依据，也是他人的依赖，谁也离不开诚信。

为了求得一位优秀的助理人员，一家公司别出心裁，他们对每个应聘人员都要进行一个特别的考试。考试内容是这样的：当应聘者各方面均通过考核后，经理就要开始这个特殊的考试了。他会这样问应聘者："你能阅读一段文字吗？"

"可以，先生。"

"那么你这是向我承诺了？"

"是的，先生。"

"很好，请跟我来。"

"那就读下这一段吧。"经理会把一张报纸放在应聘者面前。在应聘者阅读开始之时，经理会抱出几只可爱而漂亮的小猫，这些小猫就开始在应聘者的脚边到处乱跑。一般人都会禁不住要去看那些可爱的小东西，然而在他去看的同时，他就不可能再继续阅读，也自然会忘记自己的角色。如果他停顿了，那么也就意味着他失去了这次机会。就这样，经理打发走了20多位应聘者。但是，有一个年轻人却从始至终没有看那些可爱的小家伙，他一口气读完了所要求的内容。经理问他："你在读报纸时没有注意到你脚周围有动物的存在吗？"

"不，先生，我注意到了。"年轻人说。"你不喜欢它们？"

"不，先生，我很喜欢那些可爱的小家伙，但是我已经承诺过考官要不停顿地读完那一段文字了。"年轻人答。

他被录取了。试想：有哪位上司会对一个信守承诺的下属不放心呢？

信用，大到国家，小到个人，都是必须具备的品质。对于信用，有的人对其视而不见，而有的人却视之为生命。视而不见的人，自己的生命也终会消逝无痕；而视之如生命的人，自己的生命则会更加辉煌。

一个人不讲诚信，将无法生存，一个企业没有诚信也必将没落。产品的产、供、销链条的连接和延续靠的就是诚信。厂家有诚信，产品质量好，供货、流通就容易，销售也就能获利；若销售商无诚信，好产品被随意改装、加价，则直接损害了生产厂家的信誉。而诚信的失去，也像千里长堤溃于蚁穴那样，最初或许从一次假冒伪劣品、一次违约、一次贪利、一次拖延、一次敷衍开始的。失信的缺口一旦打开，要想重新堵上，就要付出很大的代价。

李嘉诚做人最讲诚信，他总是以一颗真诚的心灵对待别人，不怕别人亏待自己，就怕自己亏待别人。他常常爱说这样一句话："不怕没生意做，就怕做断生意。"李嘉诚对于诚信的追求已经近乎于执著，他反复告诫部下：“你要让别人信服，就必须付出双倍使别人信服的努力。”

李嘉诚的成功人生，一路走来并非一帆风顺，也有坎坷，李嘉诚认为化解困难的最佳手段就是要始终坚持信誉第一。用你的信誉让别人相信，你是可行的。

创业初期的李嘉诚年少气盛，急于求成，一味追求数量，而忽略了企业信誉的关键——质量。所以，创业不久，一帆风顺的李嘉诚遭到当头棒击，长江塑胶厂遭受重大挫折。

首先是一家客户宣称李嘉诚的塑胶制品质量粗劣，要求退货。紧接着多米诺骨牌效应出现，接二连三的客户纷纷拒收长江塑胶厂的产品，还要求赔偿损失！

仓库里堆满因质量欠佳和延误交货日期退回的玩具成品。索赔的客户纷至沓来。还有一些新客户上门考察生产规模和产品质量，见这情形扭头就走。屋漏偏遭连夜雨，银行知悉长江塑胶厂陷入危机，立即派人催还贷款。全厂员工人人自危，士气低落。

长江塑胶厂面临着遭银行清盘、客户封杀的严峻局势。

质量就是信誉，信誉是企业的生命。李嘉诚竟然铸成如此大错，他深为自己盲目冒进痛心疾首。李嘉诚在母亲的开导下，痛定思痛，以坦诚面对现实，力挽狂澜。李嘉诚的第一招是“负荆拜访”。首先要稳定内部军心，这是企业能否生存的前提条件。因此，李嘉诚向员工坦率地承认自己的经营错误，并保证绝不损害员工的利益，希望大家同舟共济，共渡难关。

李嘉诚诚恳贯的言行，赢得了员工们的信任，因此，员工的不安情绪基本得到稳定，士气不再那么低落。

后方巩固之后，李嘉诚就一一拜访银行、原料商、客户，向他们认错道歉，请求原谅，并保证在放宽的期限内一定偿还欠款，对该赔偿的罚款，一定如数付账。李嘉诚坦言工厂面临的空前危机是随时都有倒闭的可能，肯切地向对方请教拯救危机的对策。李嘉诚的诚实，得到他们大多数人的谅解。大家都是业务伙伴，长江塑胶厂倒闭，对他们同样不利。在李嘉诚的诚心感召下，银行、原料商和客户一致放宽期限，使李嘉诚赢得了收拾残局、重振雄风的宝贵时间。

经过这次挫折和磨难，李嘉诚更成熟了。正是这次反向的动力，让李嘉诚由一个余勇可沽、稳重不足的小业主迅速蜕变为一个成熟的商人。后来，李嘉诚甚至说道；"我有今天的成就，是因为有那一次的挫折作为基础。"

精明的李嘉诚适时借助了这场恶意宣传带来的反作用力，为长江厂做了一次相当实惠的广告宣传。长江厂的订单越来越多。

一个人、一个企业欺骗一次获得成功得到利益，不可能从一次欺骗中一劳永逸。如果一个社会，缺乏了最起码的诚信，与人交往首先得考虑交往对象的诚信度，时时刻刻想着对方是不是会欺骗自己，交往的成本自然会变大，整个社会的效率也降了下来。从现在做起，让诚信的种子在我们的心中生根、发芽、开花、结果，时时刻刻都铭记在心里，付诸在行动上。

尊重别人，切勿妄自尊大

【原典】

不挟长，不挟贵，不挟兄弟而友；友也者，友其德也，不可以有挟也。

——《孟子·万章上》

【古句新解】

朋友之间，必须平等往来，互相尊重。不可倚恃自己的年长，不可倚恃自己的高贵，不可倚恃自己兄弟的权势而去跟人家交友。交友的真谛，在结交对方的德行，不可有所倚恃，否则就不能取得对方的友谊。

自我品评

朋友的交往也是孟子所说的五种人伦之一。孟子认为，朋友应当以诚信相交往，而不可以有利用对方的企图，否则友谊就不纯粹。一旦成为朋友，就要彼此放下身段，平等地以道义相交往，不可有高下之分，这样才能达到相辅以仁的目的，友谊也才能长久。

眼高于天、目中无人不但不能引起别人的尊重与欣赏，反而会引起他人的反感，甚至让别人讥笑，看不起。因此，要想获得别人的尊重，首先要学会尊重别人。

富兰克林年轻时，是一个骄傲自大的人，不可一世，而且咄咄逼人。这归咎于他父亲对他的行为过于纵容，从来不教训他，反倒是他父亲的一位挚友看不过去了。有一天，把他唤到面前，用很温和诚恳的言语，规劝了他一番。那位朋友对他说："富兰克林，你想想看，你那不肯尊重他人意见，事事都自以为是的行为，结果将使你怎样呢？人家受了你几次这种难堪后，谁也不愿意再听你那一味矜夸骄傲的言论了。你的朋友们将一一远避于你，免得受一肚子冤枉气，这样你将从此不能再从别人那里获得半点学识。何况你现在所知道的事情，老实说，还是有限得很，根本没有什么用处。"富兰克林听了之后，大为感动，对自己的过错深感内疚和不安，从此决意痛改前非，处事待人懂得了尊重别人，言行也变得谦恭和婉，时时提醒自己不要做有损别人尊严的事。最后，他便从一个被人鄙视、拒绝交往的自负者，转变为一个受人欢迎、爱戴的成功人物了。

人与人是平等的，因此，与人交往，切忌妄自尊大，那样只会使许多人都不愿意与你接触，从此你不再有朋友，只能孤寡一人。试想到了那时，你做人还有什么意思？你还能做成什么事呢？你的名誉还能靠谁来传扬呢？你又拿什么来建立你的人际关系呢？

为人处世时，应和和气气，对于有损别人面子的事情或话一定不要做、不要说，只有这样，当求别人帮忙时，自己才不会被拒绝。

三国名将关羽，过五关，斩六将，温酒斩华雄，匹马斩颜良，偏师擒于禁，摄鼓三通斩蔡阳，"百万军中取上将之首，如探囊取物耳"。然而，这位叱咤风云、威震三军的一世之雄，结局却很悲惨，居然被吕蒙奇袭，兵败地失，并被人割了脑袋。

关羽兵败被斩的最根本原因是蜀吴联盟破裂，吴主兴兵奇袭荆州。吴蜀联盟的破裂，原因很复杂，但与关羽其人的骄傲有着密切的关系。

诸葛亮离开荆州之前，曾反复叮嘱关羽，要东联孙吴，北拒曹操，但关羽对这一战略方针的重要性认识不足。他瞧不起东吴，也瞧不起孙权，致使吴蜀关系紧张起来。关羽驻守荆州期间，孙权派诸葛瑾到他那里，替孙权的儿子向关羽的女儿求婚："求结两家之好"，"并力破曹"，这本来是件好事。以婚姻关系维系补充政治联盟，历史上多有先例。如果关羽放下高傲的架子，认真考虑一番，利用这一良机，进一步巩固蜀吴的联盟，将是很有益处的。但是，关羽竟然狂傲地说："吾虎女安肯嫁犬子乎？"

不嫁就不嫁，又何必出口伤人。试想这话传到孙权那里，孙权的面子如何吃得消？又怎能不使双方关系破裂呢？

关羽的骄傲，使自己吃了一个大大的苦果，被自己的盟友结束了性命。

权势地位财富都是外在的东西，人与人之间在人格上都是平等的，没有高低贵贱之分。因此，日常生活中与人交往一定要端正态度，对人要平等相待，相互尊重。

有一次，法国电影明星洛依德去修车，一名长得非常漂亮的女工接待了他，车修得又快又好，这一切都吸引了洛依德。他想进一步和女工接触，便问她道："你喜欢看电影吗？"

"当然喜欢，我是个影迷。"女工回答说。"车修好了，您可以走了，先生。"女工接着又说。

洛依德有点依依不舍，问："小姐，你可以陪我去兜兜风吗？"

"不，我有工作！"女工毫不迟疑地拒绝了他。

洛依德依然不死心，又追问道："既然你喜欢看电影，那你知道我是谁吗？"

"当然知道，您一来我就认出了您是当代影帝阿列克斯·洛依德。"女工平静地回答。

"既然如此，你为何对我这样冷淡呢？"洛依德问。

"不！先生，您错了，我没有冷淡。您有您的成就，我有我的工作。您来修车，您就是我的顾客，如果您不是明星来修车，我也一样接待您。人与人之间不应该是这样的吗？"

女工的一席话使洛依德心灵受到很大的震动，身为万众追捧的影帝，他感到了自己的浅薄。

人与人是平等的，并不因为你比别人闪耀夺目，就让所有的人对你刮目相看。因此，想要让自己有个好人缘，让自己在人际交往中得心应手，游刃有余，首要的一条就是不可妄自尊大，在为人处世方面，要尊敬他人、关心他人、真诚地对待他人，努力地巩固发展自己的人际关系。

认清身份，摆正位置

【原典】

有官守者，不得其职则去。有言责者，不得其言则去。我无官守，我无言责也，则吾进退，岂不绰绰然有余裕哉？

——《孟子·公孙丑下》

【古句新解】

有官位的人，如果无法尽职尽责就应该辞官不干，有进言职责的人，如果所言不被采纳，就应该辞职不干。既于我，即无官位也无进言的职责，那么我的进退去留，岂不是非常宽松而有自由回旋的余地。

自我品评

在这里，孟子论述了与孔子一样的观点"不在其位，不谋其政"，这一观点运用到现代职场中也就是不越位、不错位。做好自己分内的事，不要过多干涉其他人的工作。这是职场中的伦理学，这一观点对于现代企业管理而言也是非常重要的一条守则。

凡事皆有度，万事不可过。也就是说做任何事情都要遵守规则，不可超越自己的本分。著名的历史学者李亚平先生在他的《帝国政界往事·大宋实录》中说：南宋岳飞掌握重兵后，曾主动建言皇帝赵构设立太子。这属于武官干政，干涉了皇帝的家事，触痛了赵构的心病，令他大为不快。岳飞这个举动越位得太离谱了，这为他后来的惨死埋下了祸根。

目前企业里有很多优秀员工，这是一群让人敬佩的群体，他们的专业技能来自于不断的总结和自我提升。但是也许就是因为如此，自我崇拜的萌芽就会滋生，一些人在企业中开始"嚣张"，对企业的其他员工颐指气使，一副老子天下第一，无所不知的姿态。这些"嚣张"之人就是忘记了自己的身份，没有摆正自己的位置。这些人的结局一定不会太好。因为他们的越位会弄得顶头上司尤其是那些心胸狭窄的上司很不高兴，于是，上司将会处处给你"使绊子"，或不动声色地给你"穿小鞋"。恐怕许多人都有过这种经历。因此，身在职场就要学会摆正自己的位置，在自己的职位角度上去有节制地出力和做人，切忌轻易"越位"。

蒙牛前董事长牛根生是位商业传奇人物。1998年从伊利第一副总裁的位置上被解职，走投无路的情况下他创办了蒙牛集团，6年时间把这家公司做到了全国第一。有意思的是，7年后，解牛根生职的伊利董事长郑俊怀进了监狱，而被解职的伊利前副总裁牛根生则被评为"2005年新中国十大经济人物"。这时，面对媒体的牛根生已经没有了怨恨，他说："什么事情就怕打颠倒。我被撤职，现在看主要责任在我。我是企业二把手，但做了'水大漫桥'的事。现在我已经是一把手了，如果我的副职也做了'水大漫桥'的事，我很可能也容忍不了。"

水大漫桥，也就是越了位，是缺乏位置感的表现。缺乏位置感，就会丢饭碗。职场中的越位通常有以下几种：

决策越位。在有的企业中，职员可以参与公司和本部门的一些决策，这时就应该注意，谁做什么样的决策，是有限制的。有些决策，你作为下属或一般的普通职员可以参与，而有些决策，下属还是不插言为妙，"沉默是金"，你要视具体情况见机把握。

表态越位。表态，是表明人们对某件事的基本态度，表态同一定的身份密切相关。超越了自己的身份，胡乱表态，不仅是不负责任的表现，而且也是无效的。对带有实质质问题的表态，应该是由领导或领导授权才行，而有的人作为下属，却没有做到这一点。上级领导没有表态也没有授权，他却抢先表明态度，造成喧宾压主之势，这会陷领导于被动，这时，领导当然会很不高兴。

工作越位。这里面有时确有几分奥妙，有的人不明白这一点，工作抢着干，实际上有些工作，本来由上司出面更合适，你却抢先去做，从而造成工作越位，吃力不讨好。

答问越位。这同表态的越位有相同之处。有些问题的答复，往往需要有相应的权威。作为职员、下属，明明没有这种权威，却要抢先答复，会给领导造成工作中的干扰，也是不明智之举。

场合越位。有些场合，如与客人应酬、参加宴会，也应适当突出领导。有的人作为下属，张罗得过于积极，比如同客人认识，便抢先上前打招呼，不管领导在不在场。这样显示自己太多，显示领导不够，往往让领导不高兴。

在工作中，"越位"对上下级关系有很大影响。下属的热情过高，表现过于积极，会导致领导偏离"帅位"，大权旁落，无法实施领导的职责。

所以，聪明的职场中人要有"适当地放低自己，方能海纳百川"的胸怀，而不要去做那些出力不讨好的事。要做到这一点就需要我们调整心态，不自吹自擂，回避公众的恭维，对待同事要克服和改掉狂妄自大、自视甚高、一意孤行的毛病，不断自我反省、自我修炼、自我检讨。正如吉姆·柯林斯在《从优秀到卓越》一书中所说："第五级经理人（卓越的经理人）朝窗外看，把成功归于自身以外的因素；当业绩不佳时，他们看着镜子，责备自己，承担责任。"只有具备这样高尚的品质，才会衍生出许多有利于企业发展的举措和影响力。

不以规矩，不成方圆

【原典】

离娄之明，公输子之巧，不以规矩，不能成方圆

——《孟子·离娄上》

【古句新解】

即使一个人天生就具备离娄的目力、鲁班的技巧，但如果不用圆规和曲尺，也不能正确地制作出方形与圆形。

自我品评

孟子特别看重规矩，曾多次提到"规矩"二字。但孟子"不以规矩，不成方圆"的寓意是治国之道必须"遵先王之法"。其实，孟子的这一观点用在现代职场中同样重要。身在职场，要遵守的最大规矩则是服从。

在美国西点军校，有一个成文的传统，学员遇到军官问话时，只能有四种回答："报告长官；是"，"报告长官，不是"，"报告长官，不知道"，"报告长官，没有任何借口"。除此之外，不能多说一个字。

服从是成就杰出职员的第一步。商场如战场，每个员工都必须服从上级的安排，就如同每个军人都必须服从上司的指挥一样。大到一

个国家、军队，小到一个企业、部门，其成败很大程度上取决于是否完美地贯彻了服从的理念。

民企治理专家曾水良先生认为："服从是一种美德、一种跨越，服从是一种操守、一种财富；服从是一种职业伦理，是人生最重要的品质。"服从不谈条件，服从不讲回报，服从是一种义务，服从是一种责任！

员工需积极配合有明显不足的领导，在服从中显示自己的才智。要勇于承担任务、责任，主动争取领导的认可，勤于向领导请示汇报。请示上司的下属比顺从领导的下属更高一个层次。服从有利于个人与企业的成长，符合大众价值取向标准。

职场上，你必须时刻牢记一条：领导永远是决策者和命令的下达者，无论你有多大的把握相信自己的判断力，无论你代替领导决定的事情有多细微，都不能忽略领导同意这一关键步骤。

许多人自诩比较直率，自己认为对的事情就敢于直言，强逼老板认同自己的观点。这就好比牛不喝水强摁头，其结果只有三种：一是牛直接把你顶死；二是牛喝完水后把你顶死；三是牛的力气大，直接挣脱跑走了。不论结果是哪种，都是失败的。其实，解决办法很简单，就是千方百计把自己的想法变成老板的决策，把自己想表达的观点最后转一个弯让老板说出来，让老板成为这件事情的决策者。一旦老板做出决策，他必然会调集各种资源来促成这件事情。如果是你做出的决策，所有的资源支持力度就会差远了。

有些人往往会这样认为：老板既然花钱请我来，就应该听我的。此言差矣。其实我们应该这样理解才对，老板花了钱请你来，理所当然你要听老板的，这才符合公平的市场交易原则。但这并不妨碍你贡献智慧。你必须把智慧贡献出来，让老板来拍板决定，然后你去执行。

哥伦比亚大学商学院的迈克尔·费纳说："多数老板都喜欢自己努力后所取得的权力和威信。"老板们肯定是一个团队里在工作上最成功的人。相信自己的方式是正确的、最好的，甚至是唯一的，正是他们成功的原因所在。也正因为如此，老板们才容易将下属的反对意见看做不服从，而不是反馈。

另外需要注意的是，每个人在一个机构里只有一个老板，他不一定是你所在机构的所有者或者最高决策人。在一个时间段内，谁给你分配日常工作，你向谁直接汇报工作，谁就是你的老板，一般来说就是你的顶头上司。他可能就是一个小组长，可能在一个一万人的公司里他只领导你一个兵，但对不起，他就是你的老板。他不一定能降低你的薪水和职务，也不一定能开除你，但他一定能让你整天不痛快，他拥有这个权利——这就足够了。

所以，对企业员工来说，当我们还没学会我们上级思考问题的方式和做事方法之前，我们就只有服从。

因为服从，会拉近我们与上级的距离，距离拉近了，我们就会得到上级的思想、观点的传承，得到上级的精髓，自己也就得到了跨越；因为服从，能让我们领悟上级的用意，学会上级思考问题的方式和技巧，为我们自己的提升打好基础。因为上级定有上级的过人之处，成功者自有其成功的道理！想当领导，你必须先学会服从领导的道理。

坚决地执行上级指示，决不能因你的上级比你年轻或是学历比你低就不愿接受指挥，要清楚他能成为上级，一定有其道理。

服从命令是天职，是下属应尽的本分，应守的规矩，服从命令也是使工作顺利进行的保证。但是，在现实生活中，桀骜不驯的"刺头"却不乏其人。不管承认不承认，每一个人内心都有过冲撞、反抗上司的想法，那是一种正常的心理反应，但在现实中，你却不得不为这种反应付出代价。虽然到最后还是得服从权威，但这种服从却让上司感觉完全变了味。因此，我们要克制自己的情绪，谨记服从命令的要义。

中国不是有句俗话叫军令如山倒吗？在工作中同样适用。服从是一种习惯、一份义务，更是一种力求进步的姿态。

第五章 威武不屈

——孟子这样说气节

　　气节，是指做人的品质、志气和节操。气节是做人的基本原则，体现了人的尊严。孟子对于气节有着精辟而独到的诠释，孟子说："我善养吾浩然之气。"他把这种有气节的人描述为："富贵不能淫，贫贱不能移，威武不能屈，此之谓大丈夫。"气节是中华民族的瑰宝，闪耀着晔然的光芒，我们也要培养这种大丈夫气节，以显个人之魅力，以正社会之风气。

做人不能没有尊严

【原典】

穷则独善其身，达则兼善天下。

——《孟子·尽心上》

【古句新解】

穷困时照管自己，努力修养好本身的品德；通达时就兼及众人，让天下人都能修养好其品德。

自我品评

孟子认为，无论在什么情境下，人们都必须秉义直行，以维护人格的尊严。孟子信命，认为穷困或是通达，是人生偶然的遭遇，非人力所能掌控，但行为是否依循道义，是个人可以自我做主的，儒者必须严以自律，因为唯有依循道义，才能让自己俯仰无愧，得意自在。

的确，生活之中，人如果不能自律，丢弃了骨气，就会丧失尊严，变成受人鄙弃的对象。徐悲鸿曾说："做人不可有傲气，但不可无骨气。"我们只有始终坚持自己正直的性格，有做人的骨气，"不为五斗米折腰"，才能发愤图强获得人生的良好发展，同时也才能得到做人的尊严。

有一位作家曾经说过："人的尊严是一种高度和一种质量，再不起眼的人有了这种高度和这种质量，就能面对权贵不卑不亢，面对不义之财不馋不贪，面对不公之事不忍不避。"所以，一个有骨气的人，必然会非常看重自己的尊严。

1995年的春天，珠海一家电子公司的韩国老板金老板因为一件惹自己生气的小事，竟然无视中国工人的尊严，强迫所有的工人给她下跪。

这件事的起因是因为工人师傅们在繁重的劳作中破天荒地获得了10分钟的休息，因而高兴得忘记了金老板定下的休息时排成4队离开车间的"铁律"。在金老板的威吓下，工人们一个个地被迫跪下了。只有一位名叫孙天帅的小伙子，始终铁骨铮铮地站着。金老板面对不跪的中国工人孙天帅，气急败坏地大吼："不跪就给我滚！"

孙天帅无所畏惧，毅然转身大踏步走了出去。

懂得尊重自己，是一种清醒，更是一种智慧。孙天帅这个有着铮铮傲骨的年轻人虽然失去了工作，却用行动捍卫了自己的尊严。

社会是复杂的，其中充满着无数的诱惑与迷惑，人生活其中，很容易失去本色、磨光棱角，以至于置尊严于不顾。

做人不能没有尊严。尊严是一个人生存的基础，是一个人的生命价值所在，任何时候都不能抛弃。一个人如果有了尊严，也就有了支撑生命的灵魂的骨架；如果一个人丧失了尊严，那么这个人虽空有一副人的躯壳，也犹如太阳没有了炽热的光芒，江河没有了豪迈的奔涌，失去了生命存在的意义。

1948年6月，国民党政府的法币像大江东下一样，时时刻刻在贬值，买一包纸烟要几万块钱。教授的薪水虽在涨，但法币贬值贬得更快，物价涨得更快，原来生活比较优越的教授们，这时候也和广大人民一样，活不下去了。特别是家口众多的人，生活更为困难。

国民党政府也知道人民的怨恨，便耍了一个花招，发了一种配购证，可以用较低的价格，买到"美援的面粉"。也正当这个时候，美国政府积极扶持日本，美国驻华大使司徒雷登对中国人民发出诬蔑和侮辱的叫嚣。于是吴晗等人为了揭穿国民党政府的阴谋，抗议美国政府的侮辱，便起草了一份拒绝购买美援平价面粉的声明。声明写好后，便征集签名。

第二天，吴晗手持稿子来到朱家征请朱自清签名。此时，朱自清其实已陷入严重的生活困境。营养不良使得他的胃病逐日恶化，全家也处于半饥半饱状态。对此，朱自清夫人陈竹隐在《追忆朱自清》一文中回忆道："我们家人口多，尤其困难。为了生活，佩弦（朱自清的字）不得不带着一身重病，拼命多写文章，经常写到深夜，甚至到天明。那时家里一天两顿粗粮，有时为照顾他有胃病，给他做一点细粮，他都从不一个人吃，总要分给孩子们吃。"朱闰生在《魂牵梦绕绿杨情——记父亲朱自清与扬州》中也说，1948 年春夏，朱自清"身体越来越坏，胃病经常发作，一发作起来就呕吐，彻夜甚至连续几天疼痛不止……6 月 9 日又来信说：'……又大吐，睡了九天才起床，这回因为第二次并未复原，又来一下，人更瘦了……'"

但朱自清看了声明，毫不迟疑，立刻颤巍巍地提起笔，在宣言上签上了自己的名字。在当天的日记中，朱自清写道："此事每月须损失六百万法币，影响家中甚大，但余仍决定签名。因余等既反美扶日，自应直接由己身做起，此虽只为精神上之抗议，但决不应逃避个人责任。"

不到两个月，朱自清便逝世了。临终，他还不忘叮嘱家人，不要购买美援面粉，因自己是在声明上签过名的。

朱自清的胃病，是必须严格选择食品的，而那时候面粉是不可多得的好食品。如果他不签字，别人也能理解。但他还是签了。我们可以想象，朱自清不能忍受食用美国面粉的侮辱，却忍受了病痛折磨，这种选择为他赢得了做人的尊严，也显示了他作为一个中国人的骨气。

其实，我们每个人都应该有尊严地活着。而一个人的尊严，除了需要他人的尊重与维护外，最需要的是自己用坚定的信念及风骨甚至以生命来维护和捍卫。只有你懂得尊重自己，拥有独立的人格，别人才会尊重你；只要我们能够挺起做人的脊梁，那么即使贫穷、孤独，内心也依然会有一份宁静与和谐。

做人不能丧失人格

【原典】

求我所必求，为我所必为。当取则取，当舍则舍，如此而已。

——《孟子·离娄上》

【古句新解】

不要我所不应要的东西，不干我所不应干的事，应当拿取的就拿取，应当舍弃的就舍弃，仅仅这样罢了。

自我品评

这句话又一次显示出了孟子做人的骨气与人格。的确，在这个世界上，有些东西是不该要的，有些事情是不该做的，尤其是在涉及人格问题时，更是应该有所为有所不为。正人君子都明白这个道理，所以在历史的长河中，出现了那么多宁愿隐居山林，也不巴结讨好权贵，宁愿牺牲性命，也不肯屈服于人的有骨气之人。然而，并不是所有人的骨头都是硬的，生活中很多人就是因为缺少骨气，才会为了虚荣、私利而不择手段，甚至拿自己的人格做交易。

说起骨气，大家一定会想到有着铮铮傲骨的鲁迅，或许还会有很多人立刻会想到那个跟他截然相反的弟弟——周作人。

当初北京陷落后，北京大学南迁，周作人留在了北京。让人没想到的是，在 1938 年 2 月 9 日，这个自称要隐居的雅士竟然出席了由日本军和大阪每日新闻社合办的"更生中国文化建设座谈会"。1939 年 8 月，接任伪北京大学教授兼任文学院长之职后，又于 1940 年 12 月 19 日，成为汪伪政权华北政务委员会特派常务委员兼教育总署督办，与头号汉奸汪精卫打得火热！

更可恨的是，1941 年 4 月，周作人等一行人赴日本出席东亚文化协议会文学部会。14 日上午进宫晋见天皇后，出席日本首相的午餐会，下午便接着参拜明治神宫，然后，他又马不停蹄地赶往所谓的护国英灵靖国神社进行参拜！已完全丧失了做人最起码的尊严与良知。

按理说，熟读经史的周作人应当知道大汉奸秦桧等鼠辈的千古骂名，而且，东洋指挥刀也并没有架在他的脖子上威胁他，但他却甘愿丧失人格，为日本人卖命。

我们无须揣测，周作人在《知堂回想录》中说："该职特任官俸，初任一千二，晋一级加四百圆，至二千圆为止。"这里必须说明的是，旧时代行政官员分四等：特任、简任、荐任、委任。日本侵略者给周作人定的身价不低，一上台就是头等达官，月俸一千二百圆，是他原有薪金的两倍 (合今人民币 4.8 万元)。而且还有显赫的前途等着他：晋级可以一直加到月俸二千圆 (合今人民币 8 万元)。如此在和平时期他做梦也得不到的横财，明晃晃地摆在他眼前了，怎能不让他心动！面对如此诱惑，别说拿人格做交换，就是拿妻儿做交换，估计他也会考虑。

以史为鉴，做人千万不可丧失人格。出卖人格的人，就会被千夫所指，被万人唾弃。而真正有自尊心有骨气的人，绝不会拿人格交换任何东西。晋代的陶渊明就是这样一个人。

陶渊明从小就喜欢读书，不想求官。家里十分贫困，常常揭不开锅，但他还是照样读书做诗，自得其乐。后来陶渊明家境更为贫寒，靠自己耕种田地根本就无法养活一家老小。亲戚朋友于是劝他出去谋个一官半职，他无可奈何只好答应了。当地官府听说陶渊明是名将陶侃的后代，又有文才，就推荐他在大将刘裕手下做个参军。但是没过多少时日，陶渊明就看出当时的官员、将领互相倾轧，心里十分烦恼，提出到地方上去做官，上司就把他派到彭泽当县令。

当时做个县令，官俸并不高，加上陶渊明既不愿搜刮百姓，又不愿贪污受贿，因此日子过得还是不富裕，但是比起他在乡里的穷日子，当然要好得多。他觉得留在一个小县城里，没有什么官场应酬，也还比较自在。

一天，郡里派了一名督邮到彭泽检查工作。县里的小吏听到这个消息，连忙跑来向陶渊明报告。当时陶渊明正在他的内室里捻着胡子吟诗，一听到来了督邮，万分扫兴，但是又没办法，只好勉强放下诗卷，准备跟小吏一起去见督邮。小吏一看他身上穿的还是便服，吃了一惊说："督邮来了，您应换上官服，束上带子去拜见才好，怎么能随随便便穿着便服去呢!"

陶渊明本来就看不惯那些倚官仗势作威作福的督邮，一听小吏说还要穿起官服行拜见礼，更不愿受这种屈辱。他叹了口气说："我可不愿为了这五斗米官俸，去向那督邮打躬作揖。"说着，他也懒得见督邮，索性把身上的印绶解下来交给小吏，辞职不干了。陶渊明回到老家以后，觉得整个社会混乱的局势跟自己的志趣、理想相差太远了。从那以后，他就隐居起来，过着逍遥自在的日子，闲着就写诗歌、文章，来寄托自己的心情。

罗曼·罗兰说过一句话："自私和怯懦的人常不快乐，因为他们即使保护了自己的利益与安全，却保护不了自己的品格与自信。"如果你想活得有自信有尊严，就应该拿出做人的骨气来，好好守护你的人格。

做人就做堂堂大丈夫

【原典】

富贵不能淫，贫贱不能移，威武不能屈，此之谓大丈夫。

——《孟子·滕文公上》

【古句新解】

高官厚禄收买不了，贫穷困苦折磨不了，强暴武力威胁不了，这就是所谓的大丈夫。

自我品评

孟子仅用这寥寥数语，就把"骨气"的含义准确而深刻地概括了出来。由此可见，骨气，不仅是一种气节，而且还是一种不可取代的人格魅力。一个软骨头是谈不上有什么人格魅力的，而一个铁骨铮铮的人，则无论物质有多贫穷，生命有多短暂，他们那熠熠生辉的人格魅力，都能穿越历史的沧桑，让人铭记。

"人生自古谁无死，留取丹心照汗青"就是文天祥铮铮铁骨的写照。南宋末年，元军占领临安后，文天祥组织武装力量坚决抵抗。失败被俘后，张弘范让他写信招降张世杰。文天祥说："我不能保护父母，难道还能教别人背叛父母吗？"张弘范不甘心，一再强迫文天祥写信。文天祥于是将自己前些日子所写的《过零丁洋》一诗抄录给张弘范。张弘范读后，不禁也受到感动，不再强逼文天祥了。

南宋在厓山灭亡后，张弘范向元世祖请示如何处理文天祥，元世祖说："谁家无忠臣？"命令张弘范对文天祥以礼相待，将文天祥送到大都（今北京），软禁在会同馆，决心劝降文天祥。

元世祖首先派降元的原南宋左丞相刘梦炎对文天祥现身说法，进行劝降。文天祥一见刘梦炎便怒不可遏，刘梦炎只好悻悻而去。元世祖又让降元的宋恭帝赵㬎来劝降。文天祥北跪于地，痛哭流涕，对赵㬎说："圣驾请回！"赵㬎无话可说，怏怏而去。元世祖大怒，于是下令将文天祥的双手捆绑，戴上木枷，关进兵马司的牢房。文天祥入狱十几天，狱卒才给他松了手缚，又过了半月，才给他褪下木枷。

元朝丞相孛罗亲自开堂审问文天祥。文天祥被押到枢密院大堂，昂然而立，只是对孛罗行了一个拱手礼。孛罗喝令左右强制文天祥下跪。文天祥竭力挣扎，坐在地上，始终不肯屈服。孛罗问文天祥："你现在还有什么话可说？"文天祥回答："天下事有兴有衰。国亡受戮，历代皆有。我为宋尽忠，只愿早死！"孛罗大发雷霆，说："你要死？我偏不让你死。我要关押你！"文天祥毫不畏惧，说："我愿为正义而死，关押我也不怕！"

从此，文天祥在监狱中度过了三年。在狱中，他曾收到女儿柳娘的来信，得知妻子和两个女儿都在宫中为奴，过着囚徒般的生活。文天祥深知女儿的来信是元廷的暗示：只要投降，家人即可团聚。然而，文天祥尽管心如刀割，却不愿因妻子和女儿而丧失气节。他在写给自己妹妹的信中说："收柳女信，痛割肠胃。人谁无妻儿骨肉之情？但今日事到这里，于义当死，乃是命也。奈何？奈何！……可令柳女、环女做好人，爹爹管不得。泪下哽咽。"

元世祖至元十九年（1282年）三月，权臣阿合马被刺，元世祖下令籍没阿合马的家财、追查阿合马的罪恶，并任命和礼霍孙为右丞相。和礼霍孙提出以儒家思想治国，颇得元世祖赞同。八月，元世祖问议事大臣："南方、北方宰相，谁是贤能？"群臣回答："北人无如耶律楚材，南人无如文天祥。"于是，元世祖下了一道命令，打算授予文天祥高官显位。文天祥的一些降元旧友立即向文天祥通报了此事，并劝说文天祥投降，但遭到文天祥的拒绝。十二月八日，元世祖召见文天祥，亲自劝降。文天祥对元世祖仍然是长揖不跪。元世祖也没有强迫他下跪，只是说："你在这里的日子久了，如能改心易志，用效忠宋朝的忠心对朕，那朕可以在中书省给你一个位置。"文天祥回答："我是大宋的宰相。国家灭亡了，我只求速死，不当久生。"元世祖又问："那你愿意怎么样？"文天祥回答："但愿一死足矣！"元世祖十分气恼，于是下令立即处死文天祥。

第二天，文天祥被押解到菜市口刑场，从容就义。死后在他的衣带中发现一首诗："孔曰成仁，孟曰取义，唯其义尽，所以仁至。读圣贤书，所学何事？而今而后，庶几无愧。"文天祥死时年仅47岁，但他的名字却因为铮铮铁骨而万古长存。

我们这个年代，已经很少用"有骨气"赞扬人了，大家仿佛更喜欢用"帅呆了"、"酷毙了"之类的词语对人加以赞扬，但这并不代表现代人看不见"骨气"给人带来的光辉。否则，人们就不会对陶渊明、朱自清这些有骨气的人念念不忘，对那些四肢健全却以乞讨为生或者吃软饭的人嗤之以鼻了。

看到过这么一篇报道：某男子家境贫寒，又好吃懒做，于是抱着发财梦入赘一富豪家庭。结果富豪家的人对他没有丝毫的尊重，有时候甚至连下人都不如。这让他很受打击，但因为害怕再去过那种劳累而贫穷的生活，他选择了委曲求全。可是随着时间的流逝，他与富豪家的矛盾越来越深，终于有一天，因为一件小事而怒火中烧的他拿起菜刀，杀了富豪家的所有人，然后主动投案自首……

在这篇报道的后面，跟帖者无数，这其中，除了少数人对他表示同情，其余的，都是鄙夷与骂声。人们很不解，堂堂一个男子汉，为什么要吃软饭，为什么就不能有点骨气，自食其力，靠自己的双手换来美好的明天!

　　动物可以没有骨气，因为它不能明事理，看不清世道的善与恶，更没有所谓的人格和思维。但是人却不能没有骨气，因为骨气是人的根本，是人格的升华。拥有骨气，人才能有自尊，才能在对人世间丑恶的反抗中散发出"大丈夫"的魅力。否则，即使能逃过人们的口水，也不能光明正大地挺起脊梁做人。

人穷志不短

【原典】

一箪食，一豆羹，得之则生，弗得则死。呼尔而与之，行道之人弗受；蹴尔而与之，乞人不屑也。

——《孟子·告子上》

【古句新解】

一筐饭，一碗汤，得到就能活命，得不到就饿死，（但如果）吆喝着施舍给人，路上的饿汉也不愿接受；如果用脚踢着施舍给人，那就连乞丐也会不屑一顾的。

自我品评

在这里，孟子论述了一个与孔子如出一辙的观点，那就是"廉者不受嗟来之食"。俗话说，"人穷志不短"，人穷并不可耻，穷得没了骨气才可耻。有骨气的人绝不会因为一点点财物就任人践踏自己的尊严，更不会因为禁不住诱惑就做出出卖良心的事。

季德胜是 20 世纪六七十年代治疗蛇毒的著名专家。其治毒秘方，是他的先祖们一代一代地传承下来的，而且由于此方"传子不传女，世代不外传"，所以季德胜视秘方比生命还宝贵。

秘方的内涵，全在于"秘"。祖父传给父亲时，有多少味药，季德胜不清楚。这个秘方，不是单方，药味繁多，他的先祖在代代相传中，秘方药味有没有进行增减变化，季德胜更无从得知，不过他曾经听父亲说过，季家的秘方是一代胜一代，代代有发展。这就暗示了秘方的药味是有增减变化的。他父亲传给他的是一个囊括几十味动植物药的"乱方"，没有固定的药物剂量，一般凭目测、凭经验信手抓药配制而成。这个秘方，不仅药物种类多，而且用药量大，病人服用很不方便，有时疗效也不稳定。于是，在季德胜独立闯江湖的第三个年头，他决心把秘方简化成一个服用方便、疗效更高的秘方。

经过无数次的筛选与试验，季德胜用了近十年的时间，终于实现了他的夙愿。他将秘方中的各种药物研成粉末，加药液调和，用手工做成直径 2.5 厘米、厚 0.5 厘米的黑色药饼，和一种状如梧桐子的药丸，每个药饼和药丸都印有红色"季"字标记，亮出了"季德胜蛇药"的牌子，继续走江湖、卖蛇药。

有一年春季，季德胜来到苏州，不少蛇伤患者经他治疗，无不痊愈。同年秋季的一天，一个日本商人以"交朋友"为名，请季德胜赴宴，并送上钞票、礼品，夸奖季德胜是他的良师益友，要拜季德胜为师。季德胜深知，日本商人这样做，目的只不过是为了骗取他的蛇药秘方。所以，当时的他虽然穷困潦倒，却人穷志坚，不为金钱所动，随即以"去城外山上采药草，改日细谈"为借口，连夜逃离了姑苏城。事后他说："我是中国人，就算穷死、饿死，也绝不会把秘方卖给日本人！"

骨气是人的精神支柱，也是奋发向上的动力。如果一个人为了钱财而出卖人格，为了巴结有钱人而奴颜婢膝，那他将真的一无所有。

宁可站着死，绝不跪着生

【原典】

人必自侮，然后人侮之；家必自毁，而后人毁之；国必自伐，而后人伐之。

——《孟子·离娄上》

【古句新解】

人一定是先做了自取侮辱的行为，别人才会侮辱他；一个家必定先有了自取毁坏的因素，别人才能毁坏它；一个国家必然先有自取讨伐的原因，别人才去讨伐它。

自我品评

孟子再次强调了，小到一个人，大到一个民族、一个国家，只有自强不息，自尊自爱，才能获得他人的尊敬。这就是气节、骨气。

做人一定要有骨气，要自尊自爱自强不息。翻开历史画卷，我们不难看到，在这个世界上，的确不乏有骨气之人，比如前文所提到的文天祥、季德胜，还有现代的孙天帅。然而大千世界，无奇不有，并不是每个人都能让自己有骨气地活着。尤其是在生死关头，真正能够做到"宁可站着死，绝不跪着生"的人更是寥寥无几。倒是那些为了苟活不惜跪地求饶的贪生怕死之辈随处可见，就像那位周作人。但也正是这种鲜明的对比，才更突出了骨气的可贵。

曾有一个寓言，说有一天，一个猎人捉到了一只狗，狗惊恐地等待猎人的发落。猎人对狗说："只要你投降，我就会给你荣华富贵，条件是，你一切要听我指挥。"狗心里想：猎人有权有势，想找这样的靠山还找不到呢。于是，它同意投降猎人，并全心全意地为猎人做事。

狗做事从不偷懒，任劳任怨，忠心耿耿，做出了许多成绩，令猎人十分满意。猎人越来越信任狗，以至于把许多大权交给狗，狗又风光又潇洒。

有一次，猎人和狗发现一只狼。猎人与狗紧密配合，捉住了这只狼。猎人想，狼和狗是近亲，既然狗已经投降了，那么狼的投降也是指日可待的。于是猎人让狗去说服狼投降。

狗对狼说："投降猎人是一件很荣耀的事情。对于猎人来说，想投降他是有条件的，他看中了你才这样做。你看看我，如今多风光呀。再说了，我们本没有什么大的差别，别不识抬举。"

狼听了，无比蔑视地回答道："我们看上去差别不大，可实际上相去甚远。你把荣华富贵看得最重要，可我把骨气看得最重要。我们看上去是有点像，可骨子里却是截然不同的！"

猎人不相信狼不在乎利益。他一次又一次地给狼提高投降的待遇，但是，最终他还是没有降服这只狼。狗在猎人面前挑拨道："你给出的待遇已经很高了，可它太贪得无厌了。"猎人却意味深长地说："对于一个有骨气的动物来说，荣华富贵对它一点儿用也没有。"

然后，猎人对狼威胁道："你不投降，我只能杀掉你。"但狼毫无惧色："难道我现在比死了更好受吗？"

猎人没有杀狼，而是亲手把狼放了。狗看了大为不解："你是不是糊涂了，它没有投降反倒放了它，太便宜它了。"猎人一脚把狗踢开，狠狠地骂道："你是什么东西，一点骨气都没有。"

这虽然是一个寓言故事，却能让人从中看到人类的影子。纵观历史，在每一次的朝代更迭中，都有一些为了苟且偷生而卑躬屈膝、对敌人言听计从的软骨小人！更有宁愿从容就义也不肯充当敌人走狗的民族英雄！

司马迁曾说："人固有一死，或重于泰山，或轻于鸿毛。"其实死亡是每个人都要面对的，一个人如果能为正义而死，那是死得其所；但如果因为害怕死、逃避死而对敌人卑躬屈膝，就会成为寓言里那只没骨气的狗，被万人唾弃，比如金兵入侵时公开投敌的南宋叛臣杜充，再比如被俘后因畏惧死亡而成为千古奸臣的秦桧……他们的行径是有着铮铮铁骨的人所鄙夷的，有骨气之人在面临生死抉择时，总是选择舍生取义。

顺治二年（1645年）四月二十日，清兵围攻扬州，史可法调兵不至，城内守将总兵李栖凤、监军副使高岐凤拔营出降，城孤势单，史可法亲率部属分段拒守，决心与城共存亡。

多铎不断派明降将劝降，史可法说："我为朝廷首辅，岂肯反面事人？"接着多铎亲自出马，连发五封书信，史可法都不启封，全部付之一炬。史可法清楚地知道，在这样艰难的情况下要想取得胜利是不可能的，他只能抗战到底，以一死报国。他首先召集诸将说："吾誓与城为殉，然仓皇之中不可落于敌人之手以死，谁为我临期成此大节者？"副将史德威凛然担起此任。

接着他一气写下了五封遗书，除了一封是给豫王多铎的，其余都是给家人母亲、夫人、叔父、兄弟的，二十一日又作遗书给母亲和夫人："……北兵于十八日围扬城，至今尚未攻打，然人心已去，收拾不来！法早晚必死，不知夫人肯随我去否？如此世界，生亦无益，不如早早决断也！"

二十五日，扬州城西北崩塌以后，清兵攻入，城陷。史可法欲以佩刀自杀，部属强行夺过佩刀，拥其走入小东门，清兵迎面而来，史可法大呼："我史督师也！可引见汝兵主。"接着被俘。

史可法被俘后，多铎以宾礼相待，口称先生，当面劝降，并许以高官厚禄。史可法骂不绝口，严加拒绝："我为朝廷大臣，岂肯偷生为万世罪人！吾头可断，身不可辱，愿速死，从先帝于地下。""城亡予亡，我意已决，即碎尸万段，甘之如饴，但扬城百万生灵，不可杀戮！"壮烈牺牲于南城楼上，时年仅44岁。

这就是一个有骨气之人对待生死的态度——宁可站着死，绝不跪着生。

骨气是人骨子里与生俱来的一种东西，是不会因为外物的干扰或阻挠就能消减的。所以，封建专制的凄风苦雨也罢，外族侵略的剑影刀光也罢，高官厚禄的利诱也罢，坐牢杀头的威胁也罢，灵魂的摧残也罢，肉体的折磨也罢，从来不曾毁灭这撑高天之骨，贯长虹之气。

人要养浩然气

【原典】

吾善养浩然之气。其为气，至大至刚，以直养而无害，则塞于天地间。

——《孟子·尽心上》

【古句新解】

善于培养自己的浩然之气，这种气极端浩大，极端有力量，用正直去培养它不加以伤害，就会充满天地间。

自我品评

孟子所说的浩然之气指的是一种精神，一种天地运行所表现出来的精神，人应该不断加强自己的修养、修为，以直养而扩充自身的浩然之气，以达到与天地之精神相合，与天地之信息相通，这是大智慧。因此，孟子的这句话被许多人作为毕生追求的人生格言。

白居易有诗曰："尧舜揖让三杯酒，汤武征诛一局棋。"人的修养有三个层次，体会天地长久不衰的广大德性，效法天地自强不息的健行精神，修养天地清刚浩大的正气，这是第一个修养层次。以天地为法式才显得博大、高明，这是第二个修养层次。不注重我字，不注意私字，这是第三个修养层次。要想有大的作为，有大的成就感，我们就要从远处、大处着手。

老子说："域中有四大：道大、天大、地大、人大。"人能体会天地之道而存养天地之气，也就是孟子所说的至大至刚，能充满天地的浩然正气。正气在得志时能经天纬地，正气在贫穷时能恪守道义。孔子说："朝闻道，夕死可矣。"在生死关头，"当道存在我就存在，当道消失我就死亡。眼前见到的只是道，不考虑我的生死"。为道而死，也就是通常说的气节或节操，也就是杀身成仁、舍生取义、视死如归的节操。

若不培养正气，邪气就会产生。"思则得之，不思则不得"。节操不确立，人格便丧失。这样不是家庭的忤逆之子，就是社会的害群之马；不是社会的奸人，就是人类的蟊贼。

西汉将军霍去病，以"匈奴未灭，何以为家"的思想精神，戎马一生，战绩赫赫，客死他乡，终年仅24岁。东汉班超，出使西域，以"不入虎穴，焉得虎子"的英勇气概，沉重打击了匈奴的势力，恢复了西域同内地的密切联系。宋代辛弃疾，以"男儿到死心似铁"的不屈意志，在妥协投降派的阻挠、打击下，为收复被侵占的失地奔走、奋战了一生。明代海瑞，看到嘉靖皇帝残暴昏庸，黎民苦难沉重，毅然为自己置备了棺木，诀别妻儿亲友，上书直斥嘉靖皇帝。戚继光，以"封侯非我意，但愿海波平"的坦荡胸怀和非凡抱负，率军痛剿东南沿海的倭寇，保卫了国疆边防。清代老将关天培，在鸦片战争英军进攻虎门的战斗打响时，将几件旧衣服和几颗脱落的牙齿装入木匣寄回家，以示死战之决心，战场上亲自上阵搏敌，壮烈牺牲。邓世昌，甲午中日海战中，指挥受伤的"致远舰"开足马力，向敌"吉野"舰撞去，要与之同归于尽。著名人物谭嗣同，在变法失败后拒绝出走，甘为变法流血牺牲，以"我自横刀向天笑，去留肝胆两昆仑"的正气之歌唤起后来者的觉醒。"居天下之广居，立天下之正位，行天下之大道，得志，与民由之，不得志，独行其道。"

浩然正气包括壮气、豪气、逸气、清气。

"临渊不惧，临危不惊；宁死不屈，宁折不弯；宁抛头颅、洒热血不失节操；国难当头能愤然而起，危急时刻敢舍身成仁。富贵不能淫，贫贱不能移，威武不能屈。"此是壮气。

"临风把酒，横槊赋诗；壮心不已，志在千里；天生我材必有用，千金散尽还复来；如欲平治天下，当今之世，舍我其谁也？"此是豪气。

不以物喜，不以己悲。即使在人生最低谷的时刻，也能沐江山之风月，驾凌波之扁舟，举杯邀月，游目骋怀；不求与日月相始终，只见今世之乐趣无穷。此是逸气。

与自然天地相应合，春虫秋蝉，声声入耳，夏雨冬雪，皆可濯心扉，万物静观皆自得，四时佳兴与人同；见花放水流，能知其乐趣，听禽鸣天籁，可悟其天真。此是清气。

这壮气、豪气、逸气、清气，合在一起，便是君子所有的正气，也正是孟子所说的具有不竭生命力的浩然之气。

人活一口气，要活得光明磊落，顶天立地，就必须有一股浩然正气。因此，每个人都应培养这股浩然正气，以正气来工作便能自忠，以正气来办事便能自敬，以正气来理财便能自廉，以正气来交友便能自诚，以正气来养心便能自谨。

坚守做人之底线

【原典】

古之贤王，好善而忘势；古之贤士，何独不然？乐其道而忘人之势。

——《孟子·尽心上》

【古句新解】

古代的贤王，因喜好善人善行因而放下对本身权势的顾念；古代的贤士，何尝不如此？因悦足于本身的道术而放下对他人权势的仰望。

自我品评

孟子认为，能坚守自己义道的人，就是"古之贤士"。这种人不论有无贤王来礼敬，都会坚守自己的义道。这个义道就是做人的底线、做人的原则。

孔子说"随心所欲不逾矩"，事可以随心所欲地去做，话可以随心所欲地去说，但有一个前提，就是不能"逾矩"，不能违背基本的原则。嵇康也说："不以荣华肆志，不以隐约趋俗。"做人不因荣华富贵而放纵心志，不因卑微穷困而趋赴流俗。这些贤言皆是说做人要坚守底线，不可没有原则。

一个一身正气的人，他会坚守做人的原则，在原则问题上，不妥协、不退让。

史蒂文森说过："为原则斗争容易，为原则而活着难。"人们总是在一些关键时刻找出种种理由放弃原则性，放弃自己应该承担的责任。所以，在关键的时刻是否能够坚持原则，常常是判断一个人是否有正气的重要依据。

德国哲学家康德说："世界上有两样东西永远值得我们敬畏，那就是头上灿烂的星空和内心的道德法则。"一个人失去了原则性，也就失去了是非善恶的衡量标准和道德准则。

美国纽约市一位功成名就的建筑师，曾得益于父亲对他的教育，他曾感慨地带着人们重温父亲当年教育他的一个情景：

11 岁那年，全家在新罕布什尔湖中岛上的别墅里度假。那里四周临水，景色迷人，是理想的钓鱼之处。

鲈鱼节开始前的子夜时分，我和父亲扛上钓竿，去一过钓鱼瘾。

鲈鱼在我们那儿只有鲈鱼节才允许钓。坐下后，只见一轮明月，波光粼粼，好一个银色世界！

忽然，我觉得鱼竿那一头沉甸甸地被什么东西拖着。父亲要我沉住气。他用赞赏的目光注视我缓慢地把钓线拉回来，我小心翼翼地把那条筋疲力尽的鱼拖出水面：这是一条我们从未见过的硕大无比的鲈鱼！

父亲点燃了火柴，看了看表。"10 点，离鲈鱼节开始还有两个小时。"

他再瞧了瞧鱼，又瞧了瞧我，"你得把它放回去，孩子！"

"爸爸……"我不解，继而放声大哭。

"这里还有其他的鱼呀！"

"可没有这条大。"我继续哭闹，顶起嘴来。

月光皎洁，湖面上静悄悄的，周围没有其他人和船。这似乎还有一线希望。我停止哭泣，用恳求的目光注视着爸爸。

父亲不再说话，这清楚地表明他的决定是不容违背的。

无奈，我只得把钩子从鲈鱼的唇上拿下，慢慢地把它放回黑沉沉的水中。那鱼在水中呼哨一声就消失了。真懊恼，也许我永远也钓不到这么大的一条鲈鱼了！

那是二十三年前的事了，如今我是纽约市一位颇有建树的建筑师。是的，这些年来，我确实再也没有见到过像二十三年前钓到的那条大鲈鱼。

那次父亲让我放生的终究不过是一尾鱼，而我却从此学会了自持。

那晚，我听从父亲的告诫迈出了光明磊落的第一步。有了这个开端，在人生的道路上我处处严于律己。在建筑设计上我拒绝取巧弄乖，受到同行们的赞誉；甚至亲朋好友向我透露股市内情而胜券稳操时，我也婉言谢绝。对工作像对待信仰一般抱有深沉的责任意识，已成为我自己生活的信条和教育孩子的内容。

"你得把它放回去，孩子！"那句当时听来无情的话，如今却亲切地留在我的心坎里。使我一生都能够充满力量地坚守心中不容侵犯的准则，因而使我终生受益。

2003 年春，突如其来的"非典"疫情让全国人民陷入了恐慌。

作为抗非典阵营中的领军人物钟南山，他冷静、无畏，他以医者的妙手仁心挽救生命，以科学家实事求是的科学态度应对灾难。他仗义执言，一语千钧，以令人景仰的学术勇气、高尚的医德和深入的科学探索给予人们战胜疫情的力量。

在"非典"传播之初，有关权威部门发布消息："引起广东非典型肺炎的病因基本查清"，元凶是"衣原体"，并建议使用抗生素进行治疗。

然而，对于这一结论，钟南山没有盲目相信，鲜明地提出了自己的质疑，认为还需要在科学实验和防治实践中进一步检验。

在当天下午，广东省卫生厅召开了一次紧急会议，讨论关于发布"非典"病因元凶是"衣原体"这一消息的问题。

轮到钟南山发言时，他沉思良久，科学家的良知和临床实践，使他无法盲从这一结论，他摇摇头说：

"大量的事实证明，临床症候与治疗用药均不支持这个结论！"

他不同意典型衣原体是非典型肺炎病因的观点，而认为典型的衣原体可能是致死的原因之一，但不是致病原因。经过他有理有据的论证，广东省决策层采纳了他的意见，并坚持和加强了原来的防治措施。

4月初，由钟南山牵头的广州专家和香港专家的合作研究取得突破：在对40多例"非典"患者的呼吸道分泌物及血清检测中，分离出两株冠状病毒。经检测初步认定，这极可能就是"非典"的重要病原体。

4月16日，世界卫生组织正式宣布：经过全球科研人员的通力合作，可以确认冠状病毒的一个变种是引起非典型肺炎的病原体。

事实再次证明，钟南山的坚持是正确的。他为广东卫生行政部门及时制定救治方案提供了决策依据，使广东成为全球"非典"病人治愈率最高、死亡率最低的地区之一。

有人曾替他担心。有一位朋友事后问他："你就没想过可能会判断失误吗？要知道，稍有差池都可能有损院士的声誉。"

钟南山平静地说："我只尊重事实和真理，明哲保身不是科学家的品格。明知不对还要盲从，受害的只能是患者。"

求真直言，不迷信权威，是一个一身正气的人应当坚守的底线、原则。正直的人追求真理，忠实于真理，不会因为迷信权威或者考虑个人的得失而欺骗自己、欺骗别人。见风使舵、无原则、无主见的人不可能赢得别人的尊重。

第六章 通权达变

——孟子这样说创新

　　孟子曰："此一时，彼一时。"世间万物都是发展变化的，尤其是当今这个飞速变革的时代，科技在飞速发展，环境在不断改变，国内国际市场也在不断地更新变化，这一切都向我们提出了新的挑战。应对这一切挑战的秘诀就是创新。只有不断创新，勇于变革才能不断地适应市场，赢得竞争的胜利。

创新为你带来无限财富

【原典】

故说诗者，不以文害辞，不以辞害志。以意逆志，是为得之。

——《孟子·万章上》

【古句新解】

所以解说诗的人，不要拘泥于文字而误解，也不要拘泥于词句而误解诗人的本意。要通过自己读作品的感受去推测诗人的本意，这样才能真正的读懂诗。

自我品评

孟子这段话成了学习中的名言。虽然在这里主要阐述的是学习方法问题，但孟子要求鉴赏者对诗境进行再创造的精神是值得我们重视的。创新的活动是永不停止的，是一种美丽的奇迹。

有一个年轻人，找了很长时间的工作，但都以失败而告终。这次，他好不容易在朋友的介绍下，在一家牙膏制造公司得到了一份做杂事的工作，薪水少得可怜。

为了使目前已近饱和的牙膏销售量能够迅速提高，总裁重金悬赏，只要能提出足以令销售量增长的具体方案，便可获得高达十万美元的奖金。

所有人无不绞尽脑汁，在会议桌上提出各式各样的点子，诸如加强广告宣传、更改包装、设更多销售网点，甚至于攻击对手……几乎到了无所不用的地步。而这些陆续提出来的方案显然不为总裁所欣赏和采纳。

在会议凝重的气氛当中，恰巧这位年轻人走进会议室为众人加咖啡，无意间听到讨论的议题，不由得放下手中的咖啡壶，在大伙儿沉思更佳方案的肃穆中，怯生生地问道："我可以提出我的看法吗？"

总裁瞪了他一眼，没好气地说："可以，不过你得保证你所说的能令我产生兴趣，否则你给我滚出去。"

这位年轻人轻巧地笑了笑说："我想，每个人在清晨赶着上班时，匆忙挤出的牙膏长度早已固定成为习惯。所以，只要我们将牙膏管的出口加大一点儿，大约比原口径多40%，挤出来的牙膏重量就多了一倍。这样，原来每个月用一管牙膏的家庭，是不是可能会多用一管牙膏呢？诸位不妨算算看。"

总裁细想了一会儿，率先鼓掌，会议室中立刻响起一片喝彩。年轻人获得了十万美元的奖金。

一个好主意往往需要换种思维，这样就可以获得意想不到的精彩。正如故事中那位年轻人所提出的建议一样，有时将自己的思考模式或方向巧妙地转个弯，的确可以看到更开阔、更壮丽的美景。

在菲律宾的首都马尼拉，有一家"侏儒餐厅"。这家餐厅上自经理下至侍者，都是些身高不过1.30米、最矮只有67厘米的侏儒。由于奇特的服务方式，使得各国游客纷纷慕名而至，餐厅生意十分兴隆。

然而，餐厅的老板吉姆在酒店林立的马尼拉刚开始经营餐厅时，也同其他餐厅一样，招了一帮漂亮的姑娘和英俊的小伙子当招待，但生意并不景气，顾客稀稀拉拉。可吉姆是个雄心勃勃的人，他不甘平庸，决心将餐厅的经营面貌彻底改观。

吉姆苦苦地思索着振兴餐厅的良策。一天，吉姆在大街上偶然发现一个头大身小的侏儒，这个小矮人看上去相貌滑稽可爱，平时极少见到。吉姆灵机一动，一个奇妙的想法立刻占据了他的脑海：何不办一个侏儒餐厅。

于是，吉姆招了一些矮人，这些侏儒有的当厨师，有的当收银员，而更多的是当服务生。很快，"侏儒餐厅"就以它奇特、滑稽可笑的服务方式而独领风骚。

每当顾客走进餐厅，马上就会受到一位身小头大的矮个子服务生的热情欢迎，他笑容可掬地向顾客递上一条热毛巾，顾客在舒适的座位上坐定，又有一个动作、形态滑稽可笑的矮服务生送上菜谱，顾客们拿过菜谱往往笑得合不上嘴，且不说该店的佳肴如何精美，单是这些矮人的殷勤好客、滑稽幽默，就够让人欢畅开怀，赞不绝口了。

像吉姆这样出奇制胜的感悟妙法，令人不得不佩服。现代社会竞争异常激烈，为求得自身的生存和发展，各路能人无不使出浑身解数。聪明的人懂得换种思维面对生活细节，并且能在细节中创新，正所谓换种思维或许就会改变命运。

打破陈规，寻求变通

【原典】

嫂溺不援，是豺狼也。男女授受不亲，礼也；嫂溺，援之以手者，权也。

——《孟子·离娄上》

【古句新解】

嫂嫂掉进水里而不去拉，简直就是豺狼，男女之间不亲手传递东西，这是礼的规矩。嫂嫂掉进水里，小叔子用手去拉她，这是通权达变。

自我品评

孟子在这里就给我们表达出了一个通权达变的思想。社会发展日新月异，任何事物都不可能是一成不变的。达变，就是要变，要弃旧图新，这样才能有新的出路。

重复性的活动使人们逐渐形成习惯性的思维方式和比较固定的行为规范，会造成思维障碍。如果打破常规，往往会取得意想不到的效果。也就是说，一个人如果能超越常规，反其道而行之，体现创新的策略，往往能取得好成就。在历史上，推动社会进步的人往往是那些具有革新精神、敢于变通、打破常规、改造环境的人。

诸葛亮少年时和徐庶、庞统等同拜司马徽为师。三年师满，先生说："从现在到午时三刻，谁能得到我的允许，走出水镜庄，谁就算出师了。"弟子们急得抓耳挠腮，有的呼叫："庄外失火！"有的谎报："家中来信，母病危，要速回。"庞统说："如果让我站在庄外，我一定能想出办法。请先生允许我到庄外走走。"这些都没有得到先生的同意，午时三刻就要到了，诸葛亮一脸怒气摔摔打打地直奔堂上，指着先生的鼻子怒叫道："你这先生太刁钻，尽出歪题害我们，我不当你的弟子了！还我三年学费！快还我三年学费！"一席话把先生气得浑身颤抖，喝道："快把这小畜生赶走！"诸葛亮却拗着不走，徐庶、庞统好歹才把他拉了出去。可一出庄，诸葛亮就大笑起来，捡起一根柴棒，跑回庄，跪在先生面前说："方才为了考试，不得已冲撞恩师，弟子愿受罚！"说着递上柴棒。先生这才转怒为喜，拉起他说："你可以出师了。"

为了完成考题，诸葛亮活灵活现地表演了对先生的愤恨情绪，激怒司马徽，使对方将他逐出庄园，这场假戏真做的戏真是绝妙！

世界上之所以每天都有很多人碰壁，是因为他们都千篇一律，规范雷同地锁定在特定的思维模式中，把解决问题的方法看成了程式化，一旦遇到一些新问题，就想不出变换的招数，这必然难以成功。其实有些看似很难办到的事，只要你打破常规灵活地变通一下，就会很容易地寻求到解决的办法。

现实中我们常会看到很多厂家都会以"物美价廉"来吸引顾客。然而，美国休利特派卡德公司的董事长派卡德却有与众不同的经营理念：要多在产品上下功夫，以优异性能使消费者愿意多付钱，而不要在价格上竞争。

当其他公司为提高营业额而纷纷降价销售和减少研发费用的时候，休利特派卡德公司却反其道而行之，将产品平均提价 10%，研发费用增加 20%。当年 6 月，休利特派卡德公司的营业额只上升了 14%；而利润却上升了21%，达4200万美元。一年前，公司短期负债为11800万美元，并计划长期负债，但在公司转变经营观念以后，休利特派卡德公司却几乎全部偿清了债务。

这一变化似乎令人难以想象，休利特派卡德公司的做法显然违背常理，但效果却如此明显，看来，在一个一切按常规正常运行的社会里，"不按常理出牌"，有时真能使企业脱颖而出。

休利特派卡德公司，作为一家主要经营电子计算机、电子仪器的制造商，以其独特的经营哲学和经营策略，回答了如今高科技公司所面临的共同难题：一方面，技术更新加快，市场竞争加强，公司必须投入大量的资金，研究开发新产品，保持技术领先；另一方面，经济衰退，银根紧缩，公司必须尽量削减费用支出，研发费用则首当其冲，而提高科技水平是高科技公司的生存之本，一旦研发投入减少，公司的竞争力将不可避免地下降。

当然，休利特派卡德公司之所以敢于将大笔经费用于研发、创新，凭借的是其先进技术所研制出的产品不可能被迅速仿造，这样该公司才敢增加研发费用，将商品提价。所以，"超越常规"并不是"人有多大胆，地有多大产"的胡乱犯规，而是一种有其根基的创新思维。

同样的，柯达公司在开发新产品"傻瓜相机"时，也是超越常规，和当时的其他相机经营、研制机构反其道而行之，从而大获成功。

当照相机的功能越来越多，让普通人使用起来感到越来越繁琐时，柯达公司反常而行，结果创新出适合多数人使用的全自动相机。"傻瓜"使柯达公司发了大财，原因就在其"反常而行"。相机的功能开始并不复杂，可在人们不断创新中性能越来越好，操作使用也显得越来越繁琐，这对于专业摄影者来说当然无所谓，对普通人来说就不同了。因此，当其他公司还在考虑如何让照相机更加精密时，柯达公司却让相机的使用操作简单得不能再简单——只需轻轻一按便可完成照相过程，就连"傻瓜"也可操作，这便获得了一个革命性的创新成果。

创新并不神秘，反常而行也就是创新。而所谓反其道而行之，就是打破常规。有道是"条条道路通罗马",有成就的人决不会沿着一条道走到底,认准目标,旱路不通走水路,大路不通走小路。反常而行的结果往往产生全新的创意、全新的结果。在现实中,因为一些习惯、规则的存在,遵守规则便成为一种生活智慧,这种生活智慧在发明创新上变成一种阻碍,一道心理枷锁,阻碍着人们突破常规思维,开创新的人生天地。**超越常规**,反其道而行之,不仅使得柯达公司这样的企业有了创新的机会,甚至能使企业起死回生。

别让常规牵制我们

【原典】

梓匠轮舆，能与人规矩，不能使人巧。

——《孟子·尽心下》

【古句新解】

木匠和制车匠能教给人圆规、曲尺的使用方法，却不能使人技术精巧。

自我品评

孟子在此强调了常规对人们的牵制与束缚。很多时候，人们常常不自觉地戴上自己制造的桎梏，并被那些实际并不存在的障碍所挫败。其实，要想创造出奇迹，就必须打破常规。

忽必烈曾经罢免过一个叫廉希宪的官员，过后不久，他问侍臣："廉希宪现在在做什么？"侍臣回答："他关起门来在吃喝玩乐。"忽必烈大怒，骂侍臣道："胡说，希宪人称廉孟子，清贫廉洁，人人皆知，他能拿什么吃喝？"随即启用廉希宪，任命其为北京行省长官，镇守辽东。

后来，廉希宪到新平定的长江重镇江陵去做行省长官。他临行前辞谢了忽必烈所赐财物，冒着酷暑直奔江陵。到达后就立即下令禁止抢劫百姓，开始兴利除弊。他又安抚商人照常营业，使军民相安以处，官吏各司其职。然后登记原来的南宋官员，量才授予官职，从没有一点猜疑之心。他为了安抚地方，专门下令：凡是杀害南宋俘虏者一律按杀害平民治罪；俘虏如果患病被遗弃，允许人们收养，病愈后原来的主人不能索要；开掘城外御敌之水，灌溉得到良田数万亩，分给贫民耕种；发放粮食，救济饥民。地方秩序刚刚稳定，廉希宪又大力兴办学校，他还亲自讲课，训导激励学生学以报国。这使当地很快出现了勃勃生机，远在西南地区的少数民族首领和重庆等地的宋将都闻风来降。忽必烈得到消息后，感慨地对侍臣说："先朝用兵不能得地，现在廉希宪不用一兵却让几千里外的人奉送土地，廉孟子不虚其名啊!"

南宋有众多的儒臣，独不能保得万里江山，而廉希宪一生精读孟子，却亲身实践了儒学的精义，实在是让江南的儒士汗颜。这正如孟子所说："木匠和制车匠能教给人圆规、曲尺的使用方法，却不能使人技术精巧。"同样是学习儒家的治国之术，南宋儒臣竟不能以此兴国，而唯独廉希宪能够做到这一点，差别不仅只是在人的天分上啊。

心理学家的研究结果表明，我们所使用的能力，只有我们所具备能力的2%~5%。这就更有必要提倡打破常规的创造性思维。

有一家大型广告公司招聘高级广告设计师，面试的题目是要求每个应聘者在一张白纸上设计出一个自己认为最好的方案，不限制主题和内容，然后把自己的方案扔到窗外。如果谁的方案最先设计完成，并且第一个被路人拾起来看，那么谁就会被录用。

应聘者们开始了忙碌的"答题"，他们竭尽全力地设计着精美的图案，甚至有的人画出诱人的裸体美女来。

就在别人手忙脚乱的时候，只有一个应试者非常迅速、非常从容地把自己的方案扔到了窗外，并引起过路人的哄抢。

他的方案是什么呢？原来，他只是在那张白纸上贴了一张面值100美元的钞票，其他的什么也没画。就在其他人还疲于奔命的时候，他就已经稳坐钓鱼台了。

这就是独特创意的威力!

《战国策·韩公仲》有则类似的故事颇让人回味:

公元前293年,秦国与齐国连横之后,向韩、魏两国发动了大规模的军事进攻。韩、魏两国虽然面临共同的威胁,但它们之间却貌合神离,互相之间并不信任,不但不愿意真诚合作,而且还互相推诿,谁都不愿意打先锋,结果两国连连吃败仗。后来魏国为了自身的利益,企图将韩国抛在一边,单独同秦国议和。这样一来,形势马上变得对韩国十分不利。

这时有很多人都进言,也像魏国一样同秦议和。而一位谋士却对韩相公仲说:"双胞胎的长相非常相似,只有他们的母亲才能分辨清楚;而利与害就是一对双胞胎,在表面上也很相似,只有明智的人才能分辨清楚,看透它们的本质。韩国目前正面临着利与害相似的情形,也需要由明智的人把它们分辨清楚。如果能采取正确的处理方法,就能尊卑有序、各安其分,否则就会败坏纲常、带来祸患。如果秦魏联盟不是您促成的,韩国就面临遭到秦魏图谋的危险;如果韩国追随魏国去讨好秦国,那样韩国将依附于魏国并遭到轻视,韩国国君在诸侯中的地位就降低了。那时候,秦王就要把他宠信的人安插到韩国做官,这样您的处境就危险了。"

谋士层层递进地分析引申出如何判断当时的政治局势后,又说:"从目前的形势分析,你不如主动去撮合秦、魏进行和谈。两国和谈成功与否,对于韩国都会很有利。若和谈成功,是你穿针引线撮合而成,韩国就成了秦魏联合的门户,既可以受到魏国的推崇,也可以得到秦国的友善。再说,秦魏不可能永远互相信任,秦国会因为得不到魏国的援助而发怒,一定会亲近韩国而远离魏国。魏国也不会永远服从于秦国,一定会设法亲近韩国而防备秦国。这样您就可以像选择布匹随意剪裁一样轻松。由此可见,如果秦魏联合,他们都会感谢您;如果秦魏分裂,两国又都会争取您。这样做,进退对韩都非常有利。希望您能下定决心。"

从中可以看出，这个谋士不只是站在韩国的角度看待问题，而且是从全局观察，从而得出化被动为主动的办法——主动撮合秦魏和解，同时取信于两国，而使整个局面向着有利于韩国的方向转化。

这就是从多角度考虑问题的优势，打破常规、灵活应变的一种表现。这样的例子其实很多，在智利首都圣地亚哥的埃尔科兹酒店就上演了这样的一幕。

当时，埃尔科兹酒店的电梯装载量不够，酒店召集了一些专家和工程师来讨论，看怎么解决这个问题。结果大家意见一致：多装一部电梯。但是这需要从底层起，每层楼都进行施工。正当工程师和建筑师们在热烈讨论安装事宜的时候，一位正在拖地的清洁工人听他们说要给每个楼层打洞，就说："那这里就会乱成一锅粥了，还怎么营业啊？"

"当然，不过我们会处理好的。"一个工程师说。

另一个人说："如果要考虑它的未来，而不至于影响营业的话，我们也只能这么做了，因为不装一部电梯不行啊。"

清洁工人挂着拖把，看着他们："你猜如果让我来干的话，我会怎么干？"

一位建筑师好奇地问："如果让你来干的话，你会怎么办？"

清洁工人道："我会把电梯安装在酒店的外面。"一句话说得建筑师和工程师们面面相觑。

后来，他们真的把电梯装在了酒店的外面。这是建筑史上的第一次建筑革命。

现实中，人们在处理问题时往往会被固有的常识给困住，思维都在一个圈圈里打转，谁能突破这个桎梏，看到问题的另一个层面，谁就可获得思维上的升华。为人处世也是一样，不要总是依照旧俗常规来做事，偶尔另辟蹊径也会有惊喜。

及时调整，创造奇迹

可以久则久，可以速则速。

——《孟子·万章上》

【古句新解】

可以保持长久就保持长久，可以快的时候就快。

自我品评

孟子指出在不同条件下，要审时度势，该长则长，该快就快，通权达变。事物的发展都不是孤立的、片面的，换一个角度看待问题可能就会产生截然不同的效果。而善于做人处世的人，往往都能从多个角度去分析和思考问题，此路不通的时候就会及时调整去寻求彼路。只有学会多角度看待问题，并学会调整，才能够让自己拥有成功。

一些企业往往简单地将"市场创新"认为是做广告搞促销。实际上市场创新是一个复杂的系统工程，它包括产品策略、价格策略、品牌策略以及服务网络架构这样一些主要内容。看一个企业市场创新能力如何，主要看这几个方面工作的综合运作水平。好的策划、好的广告和好的促销方案，实际上仅仅是市场创新活动的一小部分内容。

　　华若德克，美国实业界大名鼎鼎的人物。在他成名前，有一次，他带领属下参加在休斯敦举行的美国商品展销会时感到懊丧。因为，他被安排到一个极少有人光顾的偏僻角落。为他设计摊位布置的装饰工程师劝他干脆放弃这个摊位，等待来年再参加商品展销会。装饰工程师认为在这种情况下展览是无论如何也不可能成功的。华若德克觉得自己若放弃这一机会实在太可惜，他认为这个不好的位置带给他的弱势一定能够化解，关键就在于自己怎样利用这不好的环境使之变成整个展会的焦点。可是怎样才能出奇制胜呢？他陷入了深深的思索。他想到了自己创业的艰辛，想到了展销会的组委会对自己的排斥和冷眼，想到了摊位的偏僻。他感到自己就像一个受到不应有歧视的非洲人，感到自己像是在偏远的非洲。非洲？对就是它了！想到这里，一个妙招在他的脑海里油然而生。他走到了自己的摊位前，心里充满悲哀又有些激愤，心道："既然你们把我看成'非洲难民'，那我就给你们打扮一回'非洲难民'。"

　　于是，华若德克让他的设计师给他设计了一个古阿拉伯宫殿式的氛围，围绕着摊位布满了具有浓郁非洲风情的装饰物，把摊位前的那一条荒凉的大路变成了沙漠。他安排雇来的人穿上非洲人的服装，并且特地租用动物园的双峰骆驼来运输货物，此外还派人定做大批气球，准备在展销会上用。还没到开幕式，这个与众不同的装饰就引起了人们的好奇，不少媒体都报道了这一新颖的设计，市民们都盼望开幕式尽快到来好一睹为快。展销会开幕那天，华若德克挥了挥手，顿时展厅里升起无数的彩色气球，气球升空不久自行爆炸，落下无数的胶片，上面写着："当你拾起这小小的胶片时，亲爱的女士和先生，你的运气就开始了，我们衷心祝贺你。请到华若德克的摊位，接受来自遥远的非洲的礼物。"这无数的碎片撒落在热闹的展销会场，当然华若德克也因为这个奇特的构想与创新取得了巨大的成功。

　　有一年，市场预测表明，该年度的苹果将供大于求。这使众多的苹果供应商和营销商暗暗叫苦，他们似乎都已认定：他们必将蒙受损失！可就在大家为即将遭受的损失长吁短叹、准备低价出售时，有一个聪明的人却想出了绝招！他想：如果在苹果上增加一个"祝福"的功能，即，只要能让苹果上出现表示喜庆与祝福的字样儿，如"喜"字"福"字，就准能卖个好价钱！

于是，当苹果还长在树上，他就把提前剪好的纸样贴在了苹果朝阳的一面，如"喜"、"福"、"吉"、"寿"等。果然，由于贴了纸的地方阳光照不到，苹果上也就留下了痕迹——比如贴的是"福"字，苹果上也就有了清晰的"福"字了！这样的苹果的确少见，这样的创意也的确领先于人，正因为他的苹果有了这种全新的祝福的功能——而这又是别人所没有的。他果然在该年度的苹果大战中独领风骚，赚了一笔大钱！

很多事情都是这样，从常规思维角度看来是办不到、不可能实现的，但是用发散思维去思考，往往看似办不成的事也能办成，不可能实现的目标最终也会实现。华若德克和苹果商的故事告诉人们：创新来自于不受局限的自由设想，它可以帮助我们以一种崭新的、与以往不同的方式来看待事物之间的关系，并且使习惯的思维方式成为助益而非伤害。在很多情况下，看上去无关的事物，却能提供给人们对问题的领悟和答案。飞机外形的设计就来源于人们对飞鸟的观察；潜水艇的外形很像是海豚；雷达来自于蝙蝠的知觉给人类的启发；皮下注射针像响尾蛇的牙……这一切都是很好的证明。

思考能使人不断进步，创新能使你的事业再上一个巅峰，与众不同的创新个性能使你成为众人的灵魂。因此，从现在起培养你不断思考、敢于创新的习惯，而不要拘泥不变，安于守成。只有这样才能在激烈的市场竞争中最终赢得主动。

因时制宜，顺势而动

【原典】

彼一时，此一时也。

——《孟子·公孙丑下》

【古句新解】

那是一个时候，现在又是一个时候。

自我品评

孟子认为不同的环境、不同的时间有不同的想法。人不能一成不变。时代在发展，科技在进步，我们也要学会创新。

有人说："识时务者为俊杰。"何谓识时务？就是在世事的无常变化面前，能够认清客观形势或时代潮流，能够跟着客观形势或时代潮流的变化，因时制宜，顺势而动。这就是创新。

无论古今中外，只有识时务的人才能成为时代的俊杰。反之，不顾客观条件的变化和限制，逆势而行，盲目蛮干，其结果只能是以鸡蛋碰石头——自取灭亡，或被时代的车轮远远甩在后头，最终一事无成。

一位企业家说："要创新需要一定的灵感，这灵感不是天生的，而是来自长期的积累与全身心的投入。没有积累就不会有创新。"

1947 年的冬天，在密歇根州的卡索波里斯，洛厄正帮着他的父亲做木屑生意。这时候有一位邻居跑进来，想向他们要一些木屑，因为她的猫房里的沙土给冻住了，她想换一些木屑铺上去。当时，年轻的洛厄就从一只旧箱子里拿出一袋风干了的黏土颗粒，建议她试试这玩意儿。因为这种材料的吸附能力特别强，当年他父亲卖木屑的时候，就是采用这种材料清除油渍的。这样一来，那位邻居的燃眉之急就给解决了。

几天以后，这位邻居又来了，她想再要一些这样的黏土颗粒。这时洛厄灵光闪动，突然意识到自己的机会来了。他马上又弄了一些黏土颗粒，分 5 磅一装，总共装了 10 袋。他把自己的新产品命名为"猫房铺"，打算以每份 65 美分的价格卖出去。大家知道后都笑话他。

但出人意料的是，洛厄的 10 袋黏土竟然很快就卖完了。而且，当这 10 个用户再次找上门来，指名道姓要买"猫房铺"的时候，洛厄笑了。一丝灵感，一笔生意，一个品牌，一种使命，就这样诞生了。

更让人想不到的是，洛厄采用黏土颗粒做猫房铺，反倒促使这些小动物变成更受人欢迎的宠物了。当然，洛厄也因此而变得富有起来。仅仅在 1995 年洛厄去世前的两三年间，"猫房铺"的销售价值就达到了两亿美元。也许可以说，正是洛厄的发明所带来的生存条件的改善，最终使猫取代狗成为在美国最受欢迎的宠物。

人们常说："当上帝在为你关闭一扇门的同时，也在为你打开另一扇门。"世界首富比尔·盖茨、股神巴菲特、科学奇才霍金、阿里巴巴总裁马云、美容大师郑明明、不向命运低头的海伦·凯勒……这些人留给我们的都是他们生命中最璀璨的部分，但是在他们辉煌的背后更值得我们思考的是：同样的条件，为什么只有他们能创造奇迹。那是因为他们善于思考，他们有着与别人不一样的思路，他们有着失意的时候还能保持清晰思维的能力，所以他们改变了命运、改变了一切。

我国古代，有位北方的商人到南方去贩卖茶叶，当他历尽艰难困苦到达目的地时，却发现当地的茶叶早已被其他商人抢购一空。好不容易来到这里，总不能这样空手而归吧？

情急之中，他心中突然冒出了个想法，那么多茶叶要运走，是需要很多篾箩筐来装的，既然买不到茶叶，买篾箩筐也可以卖钱的。于是，他将当地用来盛茶叶的篾箩筐全部买下，当其他商人准备将所购买的茶叶运回各地时，才发现买不到箩筐！无奈之下只得花高价钱向这位商人购买。结果这位北方商人轻而易举地在想赚钱的人身上赚了一大笔，还省下了往北方运茶叶的运费和麻烦，直接将钱带回了家。

这个故事是否真实并不重要，把它看成是一则寓言也没有什么不可。重要的是它能让我们从中得到一些启示："山重水复疑无路"与"柳暗花明又一村"在多数时候总是形影不离。在很多时候，成功与失败之间只一步之遥，甚至是一纸之隔。只是这"一步"或"一纸"不一定在你的正前方，它可能在你的左边，也可能在你的右边，还有可能在你的身后——这时不妨将你的思路左顾右盼一下，或许就是你那不经意回首的一刹那，转机就会出现。

别让固有思维害了你

【原典】

尽信书，则不如无书。

——《孟子·尽心下》

【古句新解】

完全相信书，那还不如没有书。

自我品评

人生在世，每个人的自身条件不一样，每个人可能遇到的困难也迥然不同，因此，在解决问题时所采取的方法也千差万别。但有一点是一样的，那就是任何人遇到任何困难，都必须变通，不变通，就无法克服困难，就很难走向成功。孟子的"尽信书，则不如无书"就是这个道理。

读书的人只囿于一本书、一种思想。死死抓住一套理论而用来解决所有的问题，必然是行不通的。兼听则明，采取兼容并包、取长补短的开放思想，才能够让自己的视野更广阔，思路更宽泛。只有开放的头脑才能够有开阔的思路，也才能够在困难、危难之时，灵活变通，使问题迎刃而解。然而我们太多时候总是遗憾地盯着那道已经关闭了的门，反而对那道为我们敞开的门视而不见。所以任何时候你都应该保持一个开放的头脑。

所谓保持开放的头脑，就是要让自己思维的触角向各个方向延伸，接触更多的新知识和新观念，对新的领域进行积极的探索，让头脑丰富起来。大脑有充足的营养，才能够促使思路的产生和生长，如果头脑闭塞，思维死板的人，则会在很多重要的时刻陷入困境，无法自拔。

有两个探险家在林中狩猎时，一头凶猛的狮子突然跳到他们面前。

"保持镇静，"第一个探险家悄悄地说，"你还记得我们看过的那本关于野生动物的书吗？那书上说，如果你非常冷静地站着别动，两眼紧盯着狮子的眼睛，那它就会转身跑开的。"

"书上是那么写的，"他的同伴说，"你看过这本书，我也看过，可这头狮子看过吗？"于是第二个探险家拔腿就跑，最终逃离了魔掌，而第一个探险家却站着不动，准备与狮子对视的时候，狮子扑上来把他撕成了碎片。

遇到危险情况，保持冷静是必要的，但是也不能盲目冷静，书上说狮子不咬人，难道现实中它就真的不咬人了吗？生硬的理论，不一定处处能够适应时刻变化的现实。学会应变，学会变通，切不可形而上学，拘泥于一时一事。

然而，要保持开放的头脑，还要能够虚心向别人学习，承认别人比自己强，拥有自知之明，才会有容忍别人的胸怀，更有向别人学习的谦恭，最终青出于蓝而胜于蓝，变成最强的人。

有一个聪明的男孩，一天妈妈带着他到杂货店去买东西，老板看这个小孩很可爱，就打开一罐糖果，让小男孩自己拿一把。

但是这个男孩却没有任何的动作。几次的邀请之后，还是无动于衷，最后老板看孩子这么懂事，就亲自抓了一大把糖果放进他的口袋中。

回到家中，母亲很好奇地问小男孩，为什么没有自己去抓糖果？

小男孩回答得很妙："因为我的手比较小呀！而老板的手比较大，

所以他拿的一定比我拿的多!"

这是一个聪明的孩子,他知道自己的力量有限,更重要的,他明白别人比自己强。凡事不能只靠自己的力量,学会适时地依靠他人,是一种谦卑,更是一种聪明。能够真心地承认自己的弱点,找到差距,就更容易促进自己的发展和提高。

在如今信息无限宽广的数字化时代,没有一个开放的头脑,很快你就会被时代淘汰。在时代的激流里面,如果你不能紧随时代的步伐,渐渐地就会迷失方向,走进困惑。

不要让自己的头脑封闭起来,积极地接收和学习新的知识和理论,融会贯通,变为己用,这样才能够在通往成功的路途上,避免崎岖和坎坷。当你有了一个明确的目标,并在实现它的过程中开放头脑,善于学习,并能够灵活机动地行事,你就能取得巨大的成功。

对于某些思想僵化的人来说,一些微小的变化当然不足以引起他们的注意和敏感,即使遇到了某些重大的变化,他们也往往无所适从,只得顺其自然。"穷则思变",与其到穷途末路的时候才想起来要学习、要变通,不如从一开始就保持一个开放的头脑,提高认识,拓宽思路,增强灵活应变的能力。

心理学家认为,你在生活中的自由程度是由你可以选择的行动方案的数量所决定的,而你头脑开放的程度又决定着你能够想出的思路和方案数量。开放你的头脑,思路就会变得宽阔。

因此,无论我们遇到什么困难,处于什么环境都应该学会变通,而不要被最初始的思想所左右。如果我们能够挣脱固有思维的约束,不断开创出新的处事方法,那么对于我们来说,天下就没有解决不了的问题,就没有办不到的事情了。

勇于创新让你立于不败之地

【原典】

取之而燕民悦，则取之。古之人有行之者，武王是也。取之而燕民不悦，则勿取，古之人有行之者，文王是也。以万乘之国伐万乘之国，箪食壶浆以迎王师，岂有它哉？避水火也。如水益深，如火益热，亦运而已矣。

——《孟子·梁惠王下》

【古句新解】

占领它而使燕国的老百姓高兴的话，那就占领它，古人有这样做的，周武王就是。占领它而使燕国的老百姓不高兴的话，就不要占领它，古人也有这样做的，周文王就是。以齐国这样一个拥有万辆兵车的大国去攻打燕国同样拥有万辆兵车的大国家，老百姓却用饭筐装着饭，用酒壶装着酒来欢迎大王您的军队，难道有别的什么原因吗？不过想摆脱那水深火热的日子罢了。如果您让他们的水更深，火更热，那他们也就会转而寻求其他的出路了。

自我品评

一贯反对霸道、反对战争的孟子在此却支持齐宣王攻打燕国，这

171

不是与自己的思想相矛盾吗？其实不然，这又是孟子创新思想的又一体现。孟子认为只要是符合道义的就可以去攻占。这一思想运用到现代企业运营之中也同样重要，有变通、有创新，才能在激烈的市场竞争中立于不败之地。

勇于创新是一个企业决胜于市场竞争的法宝，创新是企业不断适应市场，寻求立身之地的致胜绝杀手，不断创新也是企业生命延续的法则，现代企业要以技术和创新来提升产品的竞争力，增强企业的生命力才能不断地走向成功。

艾柯卡在福特公司做副总裁时，负责过"林肯"牌高级轿车的生产销售工作。当时"林肯"牌轿车车型老旧，缺乏时代气息，整个销售部门也缺乏生气，形势非常不妙。艾柯卡认为要改变现状，必须在产品上下功夫，于是他领导下属为"林肯"品牌高级轿车研制出了新的合乎时代流行的新型车，即豪华型轿车侯爵和豪华型跑车美洲豹。从而适合了市场需求，销售非常成功。

然而，好景不长，由于树大招风，再加上亨利·福特二世这位老板的独裁作风使艾柯卡不得不离开福特公司。

1978年11月，艾柯卡入主克莱斯勒公司，当时克莱斯勒公司亏损严重，极其需要艾柯卡力挽狂澜。艾柯卡入主克莱斯勒公司后，开始实施他的领导大计，他根据市场需求的分析，首先恢复了克莱斯勒生产的道奇卡车的品牌标志，即一只大公羊。还根据顾客要求卡车结实、可靠、耐用的特点而在广告上宣传"道奇卡车和公羊一样壮实"的广告语。这样一来，克莱斯勒的卡车形象和美国公众心目中的福特和雪佛莱一样的有名气了，不少想买卡车的人，开始首选道奇卡车。

艾柯卡还首次推出了"退款保证"的销售方法，他宣传说，"请买我们的汽车开回家。如果在30天内，你不喜欢这辆车，可以开回车来退还车款。"这种销售方法引起了巨大的轰动，道奇卡车销量大增。

20世纪80年代初期，美国民众对小型车情有独钟，艾柯卡决定也生产小型车。经过努力他们研制成了一种成功的小型车，命名为K型车。艾柯卡抓住机会大力宣传 K 型车的种种优点，并在广告中宣称"K 型车出世了"以吸引大众的注意。后来，他又决定与一家大型经销商策划进行一场特殊的行销活动，称之为"K 型车，来到了 K 市场"，使 K 型车更加出名。在 1981 年中，K 型车占据了小型车市场的 20%份额，此后销路也一直不错。这一仗，艾柯卡在其他公司不加注意的方面，迅速推出新产品，在市场上抢得了一席之地。

1984 年，艾柯卡又领导克莱斯勒推出了符合市场需求的微型面包车。微型面包车比传统的旅行车稍大，又比常规面包车稍小，这是艾柯卡推出的一个新车型，可以搭载 7 个人，比较适合家庭使用。这款新车被《幸福》杂志评为年度十大最新产品，获得了消费者的热烈欢迎。这一年，克莱斯勒公司的汽车产量比前一年同期增长了 53.6%，销售额高达 49 亿美元，赢利 7.05 亿美元。

至此，艾柯卡成功挽救了克莱斯勒公司，他被美国百姓视为国家的英雄，甚至有人劝他去竞选总统，以挽救美国。

我们都知道，瑞士手表世界闻名，以其精准的性能、耐用的质量和经典的款式雄踞世界上百年。可是总有一些其他国家的手表制造商雄心勃勃地试图与手表王国一争高下。"西铁城"手表就是其中比较有实力的一个。当时，日本研制成了性能良好的"西铁城"手表，再一次向手表王国发起了猛烈的冲击。

可是，想在手表王国瑞士几乎垄断了手表业的情况下，打开产品销路并不是一件容易的事。刚上市的时候，"西铁城"手表根本不受人赏识，更无法为自己争取一席之地。连续的亏损，"西铁城"总经理犯愁了，为此，他专门召开公司高级职员会议，来商量对策。

当时，许多人都将打开销路的目光停留在广告上了。通过了很长时间的讨论，最终大家通过各抒己见综合出来一个奇异的方法。

没过多长时间，"西铁城"通过新闻媒介发布了一条令人震惊的消息，某天某时将有一架飞机在某地抛下一批"西铁城"手表，谁拾获手表，表就归谁。这条消息在社会上引起了很大的轰动。街头巷尾都在谈论这则消息。

到了指定的日子，人们抱着好奇和怀疑的心态，像潮水般地拥向指定地点。人们果然看到一架直升机飞了过来，当飞临人群的百米上空时，果然向人群旁的空地上下起了"表雨"。期待已久的人们，拥上去捡表。由于抛下的表数量特别多，所以很多人都有所收获。而捡获手表的人们在惊喜之余发现"西铁城"手表从空中丢下后，居然还在走动，甚至连外壳都未受损害，对"西铁城"手表的质量连连称奇。人们不禁感叹："'西铁城'的表真是精良耐用，名不虚传。"当时，电视台又播放了这次抛表的实况录像，使"西铁城"的品牌很快深入人心，那些没有在现场捡表的人也对"西铁城"手表充满兴趣，纷纷抢购，这样一来"西铁城"表的销路一下子就打开了。而"西铁城"也因此逐渐成为世界知名的手表品牌。

在现实中，因为一些习惯、规则的存在，遵守规则便在发明创新上变成一种阻碍，一道心理枷锁，阻碍着人们，所以，我们要突破常规思维，才能开创新的天地。

第七章 运筹帷幄

——孟子这样说谋略

所谓谋略，是指计谋策略。推行仁政的孟子主张以德服人，但也要顺势而为，善抓时机，"虽有智慧，不如乘势，虽有　基，不如待时。"孟子认为凡事要运筹帷幄，做事要勇敢踏实，并懂得选择，"无以小害大，无以贱害贵。""二者不可得兼，舍鱼而取熊掌者也。"这些思想精华对于现代的我们而言都有着借鉴意义。

机不可失，善抓机遇

【原典】

虽有智慧，不如乘势，虽有镃基，不如待时。

——《孟子·公孙丑上》

【古句新解】

虽然有智慧，不如趁形势；虽然有锄头，不如等农时。

自我品评

孟子认为做事情要分析情况，抓准时机，所谓"赶得早不如赶得巧，算得精不如运气好"。机遇来了一定要抓住，才能事半功倍。

大作家狄斯累利说："人生成功的秘诀是当好机会来临时，立刻抓住它。"机会是前进的路径，是发展的契机，是成功的关键。

有这样一个故事：

有一个人，在某天晚上碰到了上帝。上帝告诉他，有大事要发生在他身上了，他有机会得到很多的财富，他将成为一个了不起的大人物，并在社会上获得卓越的地位，而且会娶到一个漂亮的妻子。

这个人终其一生都在等待这个承诺的实现，可是到头来什么事也没发生。

这个人穷困潦倒地度过了他的一生，最后孤独地死去。

当他上了天堂，他又看到了上帝，他很气愤地对上帝说："你说过要给我财富、很高的社会地位和漂亮的妻子，可我等了一辈子，却什么也没有得到，你在故意欺骗我！"

上帝回答他："我没说过那种话，我只承诺过要给你得到财富、一个受人尊重的社会地位和一个漂亮的妻子的机会，可是你却让这些机会从你身边溜走了。"

这个人迷惑了，他说："我不明白你的意思？"

上帝回答道："你是否记得，你曾经有一次想到了一个很好的点子，可是你没有行动，因为你怕失败而不敢去尝试？"

这个人点点头。

上帝继续说："因为你没有去行动，这个点子几年后给了另外一个人，那个人一点也不害怕地去做了，你可能记得那个人，他就是后来变成全国最有钱的那个人。还有，一次城里发生了大地震，城里大半的房子都毁了，好几千人被困在倒塌的房子里，你有机会去帮忙拯救那些存活的人，可是你害怕小偷会趁你不在家的时候，到你家里去打劫、偷东西而没有去救。"

这个人不好意思地点点头。

上帝说："那是你去拯救几百个人的好机会，而那个机会可以使你在社会上得到莫大的尊敬和荣耀啊！"

上帝继续说："有一次你遇到一个金发蓝眼的漂亮女子，当时你就被她强烈地吸引了，你从来不曾这么喜欢过一个女人，之后也没有再碰到过像她这么好的女人了。可是你想她不可能会喜欢你，更不可能会答应跟你结婚，因为害怕被拒绝，你眼睁睁地看着她从身旁溜走了。"

这个人又点点头，可是这次他流下了眼泪。

上帝最后说："我的朋友啊！就是她！她本来应是你的妻子，你们会有好几个漂亮的小孩，而且跟她在一起，你的人生将会有许许多多的乐趣。"

这个人无言以对，懊恼不已。

机会是一个飞翔的天使，她从一个窗口飞进来，随时都能够从另一个窗口飞出去，如果我们不懂得珍惜，不能好好把握，那么后悔就总是与我们相伴。生活中，我们经常听到这样的言论："要是那样就好了"，"如果我能够怎样……该多好"，"假设我没有……就成功了"。跟机会是没有条件可讲的，能够与机会这个天使合作，唯一的方法就是珍惜。

成功的秘诀很简单，就是能够抓住机会。比尔·盖茨以无与伦比的软件成果，横扫全球，独称霸主，是因为他把握住了机会，把握住了一个与新兴产业一起成长的市场机会，从而一飞冲天；马云从一个英语教师成长为电子商务帝国的巨无霸，是因为他珍惜了机会，当很多人都对他所提倡的理念嗤之以鼻时，他没有就此放弃……机会，是机会改变了他们，是机会成就了他们。而腾讯公司的成长经历也正说明了这个道理。

素有"QQ帮主"之称的马化腾，用青年才俊来形容再恰当不过，年纪轻轻的他，就坐上了中国互联网巨头腾讯公司总裁的位置。很多人说，是QQ成就了他，但是，究其根本，还是机会成就了他。

1992年，马化腾毕业于深圳大学计算机专业，那时候，他也像其他刚毕业的大学生一样，感到未来很迷茫。但是，在内心深处，他又对未来充满了无限的憧憬，他希望通过自身的努力，走上成功的巅峰。

在真正的（互联网）普及之前，有许多网迷已在慧多网上早早体验到了网络的乐趣。而马化腾就是其中之一。尝试了慧多网带给他的最初的喜悦之后，马化腾又自告奋勇地投了5万元在家里搞了四条电话线和8台电脑，承担起慧多网深圳站站长的角色。

马化腾是一个非常懂得珍惜机会的人，那一段时间，他紧紧地盯着互联网发展的路线，希望能够从中发现突破的契机。功夫不负有心人，机会终于来了。

那一年，一个以色列人设计的 ICQ 工具软件流行了起来。这是一种基于 internet 的即时通信工具，它集寻呼、聊天、电子邮件和文件传输多种功能于一身。只要用户将 ICQ 安装在个人电脑上，它就会自动嵌入 windows 系统，成为桌面上的图标，用户每次打开计算机，它就是一个固定设备。

马化腾发现这个工具软件很好，同时，他还发现 ICQ 竟然没有中文版本。做一个中文版本，一定会很受欢迎。他想到就做，马上和几个朋友成立了一个公司，仿照 ICQ 去搞一个中国的 ICQ。他们自主开发了基于 internet 的网上中文 ICQ 服务——OICQ，即 QQ 的前身。

经过三年时间的发展，到 2002 年，腾讯 QQ 的用户群成为中国最大的互联网注册用户群，注册用户为 1 亿 6000 万，活跃用户 5000 万。腾讯 QQ 成为中国最大的即时通信服务网络。

然而创业是艰辛的，在有点击量没有利润的时候，腾讯也差点把 QQ 卖给了人家。对此，马化腾深有感触："我们曾险些把开发出的 ICQ 软件以 60 万元的价格卖给别人。现在有点庆幸当初没有贸然行事。要在互联网上掘金就不能只看到眼前利益。许多很有才华的网络人才往往没有注意这一点而失去了长远机会。"

有人说命运青睐这个小伙子，但其实，命运青睐所有的人，只是马化腾抓住了机会，而别人不是视机会如浮云，就是不能抓好机会。

纵观成功的企业家，就会发现他们有一个共同的特征，就是非常懂得珍惜机会，他们对市场机会有着超常的敏锐和把握能力。比如，娃哈哈企业把握住了儿童厌食这样一个市场机会，推出"喝了娃哈哈，吃饭就是香"；比如，恒基伟业把握住了商务人士公务缠身的市场机会，推出"呼机、手机、商务通，一个都不能少"；比如，长虹把握住了彩电规模化的市场机会，推出"价格战"……

每一步台阶的跨越，都要依靠机会，每一个转型的成功，都要依靠机会。机会，往往就是成功的秘诀，机会，往往就是理想实现的手段。不懂得珍惜机遇，注定要与失败为伍。

　　其实，我们每一个人身边都围绕着很多机会，可是我们却经常像故事里的那个人一样，总是因为害怕而停止了脚步，最终机会就这样悄悄地溜走了。我们都知道成功的秘诀就是要及时抓住机会。对于轻狂年少的朋友来说，或许你还有机会去后悔，而对于步入已经不再年少的朋友而言，已不再有后悔的时间了，所以你不要再让机会从你身边悄悄溜走，否则成功也将离你而去。

从别人忽视的地方着手

【原典】

博学而详说之，将以反说约也。

——《孟子·离娄下》

【古句新解】

广博地学习，详尽地解说，目的在于融会贯通后返归到简约。

自我品评

这里孟子为我们指出的是一个学习问题，学习是由厚到薄，由薄到厚的过程。虽然谈的是学习问题，但我们也可以从中受到一些启发。由繁到简，其实，并不是很繁，并不是很满，只要你有心，就能发现其实还有空缺。如果我们能够从这些空缺着手，我们一定有新的收获。

对于许多创业者来说，总是抱怨说市场都被一些大商家垄断了，根本没有他们的立足之地，没有机会与他们竞争，于是就失去了创业的信心。其实这种思想就是没有开发自己的智慧，只要你用心思考，并能够多进行市场调查，就能够发现市场始终有一些大商家忽视的空缺，抓住这种空缺就会在大商家的夹缝中发展起来，走向成功。

明尼唐克公司是排居在很多大公司之后的小型肥皂制造企业，由于是后起无名小辈，不敢与其他大公司发生正面竞争。通过仔细思考，公司决定采取侧面出击、出奇不意的策略，不去踩别人的脚步，而是另辟新径，独出心裁，推陈出新。

1979 年该公司推出了一种空前的液体肥皂，这种产品悄然上市后，立即引起消费者的强烈反响，得到大批用户的认可。这种"软体肥皂"的上市，很快冲击了当时名望高规模大的棕榄、乐威、宝洁等知名公司，使他们大为震惊。因为"软体肥皂"的上市抢走了他们生产的块状肥皂的大块市场，明尼唐克公司用智慧赢得了空前的成功。

我们任何一位生存在这个世界上的人，都得具备开发智慧的意识，有勇于超越的魄力，只有这样，才会营造出属于自己的生存空间。

随着社会日新月异的发展，生存竞争也日趋激烈，只停留在先人留下的积累中细吃慢品，总有一天会坐吃山空。自己不动脑筋，看到别人在某一方面收益甚好，就如影随形，跟着学，往往会导致失败。

唐装，是近年来春节前后最流行的服装之一，而且有很多服装企业在唐装上收益颇丰，同样也有很多的服装企业面对市场悔之莫及、望洋兴叹，为什么呢？就是没有及时把握商机，抓住市场的空缺。在上海各国元首会上，各国元首每人一件唐装着身时，一些敏锐的商家就发现了商机，立马行动。而有些商家看到后还坐在西装牛仔裤上傻笑呢。待到一些服装企业的唐装上市热火朝天时，一些错失商机的企业主才如梦方醒，亦步亦趋地仿效。但在春节后，有些聪明的企业就停止了唐装的生产，而那些后来者蜂拥而上，后果可想而知。时机的把握和智商的敏锐性在商业领域的激烈竞争中由此可见一斑。

决策应该是以思考为基础的，思考的过程就该有智慧的协助。那么智慧是什么组成的呢？智慧要从知识的获取、实践经验的积累着手，不间断地跟上时代的脚步，这样，思考后的决策才会有成功的可能。

另外，还得有超前的预知能力，总跟着别人的成功脚步去拾甘蔗渣咀嚼是没有味道的。独创的东西才有发展的空间。怎样使独创的东西从成熟、成功到发展壮大呢？同样，这需要智慧，事业的酝酿成熟到实施成功，都需要有准确的判断能力、分析能力和预测能力。还要有对突发意外事件的应变能力，等等。综合这些能力的唯一手段，就是要拥有智慧，会用谋略。也就是说，拥有了智慧，一切事业和成功路上的阻力都可能随之排除。

勇敢铸就辉煌人生

【原典】

山径之间，介然用之而成路，为间不用，则茅塞之矣。

——《孟子·尽心下》

【古句新解】

山坡间的小道，经常有人行走便踏成了一条路，过一段时间没有人去走它，又会被茅草堵塞了。

自我品评

从孟子的话语中，我们可以得到一些启示，小道经常走便成了路。这是鼓励我们要有一种开拓的精神，不要畏首畏尾，有些时候看似没有路，但只要你去闯，有冒险的精神，那么自然就有路了。

敢于冒险是一个成功的人不可或缺的基本素质，冒险是上帝对勇士的最高嘉奖，不敢冒险的人就没有福气接受上帝恩赐给人的财富。

《塔木德》上说："在别人不敢去的地方，才能找到最美的钻石。"也就是说，"高风险，意味着高回报"，只有敢于冒险的人，才能攀摘成功的花朵，才会赢得人生辉煌。而且，那种面对风险、谨慎前进的人生体验可以练就过人的胆识，这更是宝贵的精神财富。

犹太人无疑是这种财富的拥有者：他们凭着过人的胆识，抱着乐观从容的风险意识知难而进，逆流而上，往往赢得了出人意料的成功。这种身临逆境，勇于冒险的进取精神是成就"世界第一商人"的重要因素。

摩根20岁时，在德国的格延根大学完成了学业，不久便到纽约华尔街的邓肯商行去当学徒。一次，他去古巴的哈瓦那为老板采购了鱼、虾、砂糖等货物。当轮船停泊在新奥尔良港口时，一个巴西的船长拉摩根去酒馆谈生意。原来船长从巴西运来一船咖啡，但买主临时出了变故，只好自己推销。只要有人愿意出现金，他将半价出售。摩根考虑了一会儿，决定买下咖啡。他的朋友都劝他要小心谨慎，恐怕船里的货品与样品不一定一致，另外，此前曾经发生过很多次船员欺骗买主的事。摩根却决定冒险赌上一把，买下了大量咖啡。幸运的是，在他买下咖啡不久，巴西咖啡受寒减产，价格大幅度上涨，摩根因此大赚一笔。后来，摩根的冒险投机活动简直是无孔不入，只要有利可图，便迎头而上。摩根一生冒了无数次风险，这也为他带来了丰厚的回报。

一个人不管有多么高深的学问、多么聪明的脑子，如果做事畏首畏尾、不敢冒险，也很难抓住要点而取得成功。

19世纪60年代初期，美国的铁路还处于铁的时代，无论桥梁还是路轨全是用铁做的，铁路及桥梁事故时有发生。卡内基在铁路部门任职，早就觉察到这是一个亟待解决的大问题。

一天，卡内基在报上看到了一则消息：欧洲的贝色麦发明了一种炼钢法，使钢的冶炼有了大规模生产的可能。他马上意识到这将意味着铁时代的终结，钢时代的到来，谁能捷足先登必将前程无量。考虑到自己的财力有限，他马上与弟弟商量，要把他们的全部资金抽出来投资办钢厂，而且还要借一笔款子。

卡内基的弟弟没有多大气魄，他以为哥哥精神出了问题，说："这样做太冒险了，不能把所有的鸡蛋放在一个篮子里吧。"卡内基说："我看准了，钢取代铁势在必行，先下手为强，肯定可以发大财，它值得我们下一笔大赌注。"

弟弟自幼就是一切听哥哥的，尽管有些不放心，还是按照哥哥的意思去做了。首先是买厂址，卡内基看中了独立战争时期布拉多克战场一带的一片土地。那块地的地主听说卡内基要在他的土地上办厂，竟将价格一夜之间从每英亩 500 美元提高到 2000 美元。卡内基的弟弟犹豫起来，忙电报请示哥哥。卡内基接到电报时正在吃饭，他马上放下饭碗去电报局发了一个加急电报，告诉弟弟快买下来，不然明天又要涨至 4000 美元了。

卡内基钢厂兴办起来以后，一直一帆风顺。钢厂的最初资本只有 100 万美元，但不久每年利润就达到 200 万美元，后又增至 500 万美元、1000 万美元，红火得令人嫉妒。到 1890 年，年利润已达上亿美元。

卡内基看准时机，倾其所有资产发展钢铁业，不愧为具有雄才大略的企业家。

公司发展的道路是荆棘丛生的，瞬息万变的市场供给和需求、纷繁复杂的社会、经济、政治和文化生活、加速发展的科学技术等，使得商人的任何一项重大经营决策都受到客观环境"不确定性"的影响，都带有一定的风险性。

一位房地产开发商多次投资冒险都赢利，开发商说，他之所以屡屡得手，主要是他敢于冒险。他在选择一个投资项目时，如果别人都说可行，这就不是机会——别人都能看见的机会不是机会。他每次选择的都是别人说不行的项目，只有别人还没有发现而你却发现的机会才是黄金机会，尽管这样做要冒一定风险，但不冒险就不会赢，只要有 50% 的希望就值得去冒险。

北京富亚企业为了展示富亚健康漆的绿色无毒，说服大家更信服企业产品，富亚总经理蒋和平很认真地给大家做了一个实验，给一只小猫、一只小狗喝富亚健康漆。在公证处公证员的现场公证下，蒋和平打开了崭新的一桶漆……一群举着抗议的标语和漫画的青年围了上来，他们是动物保护组织的成员。在此情景下，蒋和平站了起来，伸手把透明玻璃杯拿过来，一下子倒进大半杯富亚漆，张口喝了下去……在场的人惊呆了。富亚漆当年的销量增加了400%，富亚总经理的"喝"就是资本，"喝"出来的就是市场。

没有超人的胆识，就没有超凡的事业。要想有所作为，就要具备超人的胆识，勇于承担多数人望而却步的风险事业。很多企业家正是通过风险的把握而获得成功的。

在新兴市场的白手创业者身上没有"武艺"，所有祖传的经营方法已经失传，大家摸着石头过河，摸到水雷也不怕，无知者无畏。相反，像那些掌握了一流技术的人，胆子反而较小，开始只敢办研究所之类，为人家的企业提供技术服务，有了点经验后，才放胆自己办企业。

无论是什么时代，没有敢于承担风险的心理素质，任何时候都成不了企业家。

越是讲求安全的人越是避免冒险，避免冒险也就是避过机会，因为机会的代价就是冒险，你不可能一面憎恨冒险，一面又热爱自由。进步的主要因素便是冒险，你必须学会正视冒险的正面意义，并视它为机会的重要一环。

在人们纷纷渴望财富的今天，创业是被鼓励的、被激励的，创业路上坎坷与荆棘密布，唯有智慧者、勇敢者才能撷取最美丽的果实。

大事拍板，琐事不管

【原典】

为政者每人而悦之，日亦不足矣。

——《孟子·离娄下》

【古句新解】

那些搞政治的人，如果去讨每一个人的欢心，那么用来治理国家的时间就太不够用了。

自我品评

孟子认为，当政者首先应处理好自己的政务，从大处着眼，完善公共事务，而不是因计较于细节而忽略根本性的问题。这个哲理对管理者有着深刻的指导意义。

身为领导者，事必躬亲不好，做甩手掌柜也不行。因此，处理好集权与分权的关系至关紧要。在这个问题上，领导者的正确态度应该是大事拍板，琐事不管。领导者一定要把握好分寸，运用得当。

美国前总统里根，即使不支持他的人也会承认，他在任期间取得了显著成就。这完全归功于他的领导原则简单明了，其突出特点是精于决策，善于组织干才去实施决策。他认为，他的作用是为政府指明方向的，而不是一个不放手的经理人或谋士，他的日常工作都交给下属去做，而把注意力集中在一些重大问题上。这是里根取得成功的智慧之一。

里根从不过问细节，但在重大问题上，他注意得到做出正确决策的足够信息。在做每一个重要决策前，他都要求秘书办公室为其准备一份两三页的备忘录，概要列出各种选择及其利弊，并详细说明主张采取哪些方案；有关部门还准备了内容较详细的文件，里根对这些文件一一仔细阅读并熟记，随时召集有关人员开会，对问题进行辩论。他对激烈争论的不同意见有极大的耐心。里根依据工作人员的分析，加上自己的判断力做出决策，关键时刻还站出来向国会和选民发出呼吁，并提出某项计划的战略意见，以便求得支持。

他曾对美国《幸福》杂志记者说："让那些你能够物色到的最出色的人在你身边工作，授予他们权力，只要你制定的政策在得到执行就不要去干涉。"他对自己的职责有明确的设想，但也经常地、手段巧妙地做出妥协，避免纠缠枝节问题。集权与分权的正确处理让他的工作卓有成效。

当今世界，由于科学技术的革命，社会化大生产的高度发展，即高度发展的生产社会化、科技一体化，领导者面临着许多新情况、新问题，如决策目标规模大，结构复杂、功能多样且变化迅速；决策所依据的信息量大而多变，具有极大的不确定性即新颖性、模糊性、随机性，要求领导者具有更敏锐的统率全局的能力，来制定出未来战略性的决策目标；至于决策的实施，则放手由下属即执行人员去具体执行，因为"真正的领导者不是事必躬亲，而在于他要指出路来"。而当好"指路人"的关键，就在于集中精力抓大事，大事精明，方向明确。

领导者需要集中精力抓的大事，是决策的制定和推动决策的实施。而礼仪性的迎来送往、事务性的日常活动、操作性的规章程序等，只要不是与组织的大政方针直接相关的事情，对领导者而言都是"琐事"，都应尽量避免亲自处理、亲自裁决，不能因琐事而干扰领导者对大事的全局性把握和决策。索尼公司领导人规定每周有一定时间不办公，用来闭门"思考"。这对领导者集中精力抓大事，更好地决策，做到方向明确，推动决策的实施，是十分有益的。

那么，作为一个单位的领导人，哪些是你应该拍板的"大事"呢?

(1)最后决策权

领导者可以在一定范围内授予下属承担一些制定具体行动方案的决策权，但应该保留对该系统工作前途或该项工作任务、结局的最后决策权。特别是当该项工作的最后目标发生意见分歧时，领导者要能够根据自己所拥有的权力，正确综览全局，权衡利弊，当机立断，做出最后决策。

(2)人事任免权

特别是对直接下属和关键岗位的人事任免权，领导者必须保留。人事方面的决定 (评估、晋升或者开除) 通常是很敏感的，而且往往难以做决定。倘若有些人事工作需要保守秘密，那么这项工作的职权就应该自己亲自行使。

(3)关系协调权

领导者必须保留对直接下属之间相互关系的协调权。协调下属之间的关系是非常重要的，也是其他下属所不能替代的。

(4)机密的事务

分析工作分类和薪级范围看上去很花时间，这似乎是首先可授权的工作。但是由于牵涉多方面的利益，所以应该是领导者自己做的工作，不适合授权。

(5)培养直接下属

作为一名领导者，培养你的直接下属，不仅有利于你的工作的展开，而且也是你的职责。

(6)危机处置

危机会不可避免地发生。假如发生危机，领导者应该亲自坐镇，制定应对方案，很多事情都应该亲力亲为，这不是你该授权的时刻。当处于危机的时候，要保证自己在现场起一个领头的作用。这样，有利于稳定人心，避免事态进一步恶化，为解决问题赢得宝贵的时间。

(7)一些特殊事情

对于一些特殊的事情，最好不要授权给下属，而应该亲自做。比如，上司分配给你亲自做的事情。你的上司叫你亲自做一件事情，通常会有他特殊的理由。如果你认为将它授权给你的一个下属去做更为合适的话，应先和你的上司商量一下，弄清楚他是要你做还是叫你给别人做。错误的理解可能会使你和上司之间产生误会。因此，对这种事要与上司沟通，应该谨慎，千万不要自行其是。

以上是大事，其余例如决策的执行、执行的方式与过程都是小事，应放手让下属操作。把握住了这个原则，也就达到了理想的领导效果了。当然，实际工作当中，还会有意外，就应当具体情况具体处理。

先做重要而急迫的事

【原典】

无以小害大，无以贱害贵。

——《孟子·告子上》

【古句新解】

不要因为小的部分而贻害大的部分，也不要因为次要的部分而忽略了主要的部分。

自我品评

孟子在此强调了统筹做事的道理，认为做任何事都要有个先后安排，不可抓小放大，丢了西瓜捡到芝麻。每个人在工作生活中都要面对大大小小的事情，如果不进行统筹安排，很可能手忙脚乱，而事情还是一团糟。有先有后，是高效做事的基本前提。分不清事情的轻重缓急，只会让你疲于应付工作，从而使工作的成效大打折扣。

工作之中，对于每一名员工来说，做事都需要有章法，不能眉毛胡子一把抓；只有按事情的轻重缓急，一步一步地把事情做得有节奏、有条理，做事效率才能提高上来，才有更多的精力同时间赛跑，取得更多的成就。

很多取得卓越成绩的人，办事效率都极高。这是因为他们能够利用有限的时间，高效率地完成至关重要的工作。任何工作都有主有次，如果工作不分主次，平均使用力量，在时间上就是一种浪费。因此，在主要工作上，在关键部位，我们要用全部精力，尽力做到最好；在次要问题上就不必非要追求完美。

刘丽是某私企经理秘书，几年前刚进公司时，刘丽做事分不清主次，每次经理布置工作时，她都认真记录，可到具体执行时便因种种原因"走样"：不是丢三落四，就是缺这缺那，经理没少发脾气。

有一次经理出差，临走前让刘丽起草一份重要的发言报告，以备他一周后回来开会用。刘丽当时认为时间很充裕，不妨慢慢准备。其后几天，刘丽只管忙着处理其他日常事务。转眼到了第六天，刘丽突然意识到，经理第二天就要回来了，可报告还没开始动笔，凑巧的是，刘丽这天的事情又特别多，上午要替经理参加朋友的开业庆典，下午又要接待已提前预约的客户。

等一切处理妥当，已临近下班，刘丽只好回家准备连夜赶写报告。吃过晚饭后，刘丽坐到电脑前开始写报告时，却突然发现，有些背景资料忘了带回家，这可怎么办？第二天，刘丽只好一早就冲到办公室狂赶报告，总算在经理上班前勉强把报告写完了。

开完会后，经理把刘丽叫到办公室，开门见山地质问她这一个星期的工作状况，然后严肃地说："你有一个星期的时间，为什么交出这样没水平的报告，甚至还有一大堆错字？"刘丽这才意识到事情的严重性，便老老实实地讲述了报告的完成过程，等着被"炒鱿鱼"。不料，经理长叹一声说："你有热情但不够成熟，做事情完全分不清主次先后。"随后，经理语重心长地告诉刘丽，"秘书的工作很琐碎，但是一定要分清主次，再不能犯同样的错误了。"

经理的一席话，让刘丽茅塞顿开。从那以后，她做事前先安排好顺序，忙而不乱，最后受到了经理的表扬。

工作要讲究章法，懂得突出重点，主次分明。哪些事情紧急，就要先去处理，哪些事情不是太紧急，就可以往后放一下。这样才能一步步地把事情做得有节奏、有条理，才能把工作做好。

刘辉是一名"海归"，曾在美国一家知名公司做经理助理，工作相当出色，回国后被一家软件公司聘请做总裁助理。在这里，他充分运用了在国外养成的工作习惯，使得工作进展得非常顺利。同时，他也注意到公司的员工在工作任务的规划上存在着极大的弊病，那就是做事不分主次，不分轻重缓急。他常常看到很多员工下班之后依然在焦头烂额地工作，而白天的时候这些人并没有怎样忙碌。对于这个现象，他觉得很是不解，他认为员工的工作任务其实并没有那么重，但他们为什么总是喜欢在下班之后工作呢？难道是白天的时间真的不够吗？他决定在公司举办一堂"如何正确安排工作并更好地执行计划"的讲座，以教给这些可怜的"加班族"不再加班的诀窍。

刘辉在讲座开始时就问："我想问一问大家，你们觉得每天加班有必要吗？"大家都说："当然有必要了，不然完不成任务呀!"

"真的吗？"刘辉接着说，"我有一个方法可以让大家从此摆脱加班的枷锁。我会在 10 分钟后给你们一样东西，这东西能使公司的业绩提高 50%。"之后，他递给每人一张白纸，说："请在这张纸上写下你明天要做的 6 件最重要的事。"

大家很快在 5 分钟内写完了。

刘辉接着说："现在用数字标明每件事情对于你和公司的重要性次序。"这又花了 5 分钟。

刘辉说："好了，把这张纸放进口袋，明天早上第一件事情是把纸条拿出来，做第 1 项最重要的事，直至完成为止。然后用同样的方法对待第 2 项、第 3 项……直到你下班为止，如果只做完第一件事，那不要紧，你没有耽误最重要的事情。"

最后，刘辉说："只要每一天都这样做，你们就可以摆脱加班的命运了。如果你们觉得这个方法可行，不妨运用到工作中去，我想大家不会失望的。"

一周之后，刘辉又开了一次会，他想知道那堂讲座是否起到了作用。结果，所有的人都表示，他们从此再也不用加班了，他们的工作轻松了很多，而且也快乐了很多。

一年之后，公司效益大幅度上升，总裁认为这里面有刘辉很大的功劳，因为他教给了大家一个很重要的工作方法，那就是如何分清事情的轻重缓急。

其实，任何工作，只要找到了窍门，找对方法，做起来就会得心应手。

优秀的职业人会根据实际情况合理安排每一个任务，懂得该把哪个任务放在第一时间完成，也懂得该把哪个任务放在最后完成。他们具有良好的判断力，能够审时度势，安排好优先顺序，先做最重要的事。

不冒进方能有所成就

【原典】

于不可已而已者，无所不已；于所厚者薄，无所不薄也。其进锐者，其退速。

——《孟子·尽心上》

【古句新解】

对于不可以停止的工作，却停止了，那就没有什么不可以停止的了；对于应当厚待的人却薄待了，那就没有谁不可以薄待的了。前进速度太猛的人，后退也会快。

自我品评

这句贤言可视为孟子对他自身的反面写照，因为他当年在政治理想追求之路上的行进是那样缓慢而艰难，而他的思想主张在我们历史的长河中又是那样鲜活、富有生机，永远都没有消退的迹象。孟子的这一观点旨在告诫我们，凡事不可冒进，要脚踏实地，细水方能长流。

有这样一个故事：几位游客登山，在崎岖陡峭的山路上遇到一位往山上挑送货物的挑山工。挑山工挑着沉甸甸的担子，走着"之"字形的路线，慢腾腾地往前走，游客们则轻装行进，自然很快便超过了他，并把他甩在身后。但是快要到山顶时，他们却惊讶地发现，那位挑山工依然循着"之"字形路线，在他们前面不紧不慢地走着。

故事虽小，但其中有着耐人思考的道理。冒进只能让我们的精力很快消失，从而导致最后的疲惫与失败。因此，日常生活中，做任何事情都要稳扎稳打，而不可急躁冒进。

李牧是赵国的大将，他深沉大度，尽心报国。当时他曾奉命在北方抵御匈奴。在他防守的时候，所在地的官吏都由他任免，百姓交纳的税收都归入他的军营，作为供养兵将的军资，赵王一律不过问，李牧可谓位高权重。

李牧带兵严格，认真地训练士卒射箭骑马的技术，并让他们留心远方烽火的消息，还派遣许多间谍到敌方探查动静，不过他也非常优待属下，每天都要杀好几只牛羊给士兵们享用，因此深得将士爱戴。但让人意外的是，如此忠心的李牧却严格命令："如果匈奴进攻，就赶紧收拾好兵器回到城内把守，有哪个人私自出去攻击对方，定杀不赦。"

于是每次匈奴来犯，李牧都事先得到烽火的报警，然后妥当地退守要地，不与之正面开战。一连好几年，没有任何土地被匈奴夺走。

时间长了，匈奴人都觉得李牧是怯懦的人，因此对他毫不在意，甚至连赵国的士兵们也认为主帅胆小无能。赵王听说了此事，便遣使责备李牧，但李牧依然如故，没有改变以前的做事方式。赵王一怒之下就把李牧召了回来，派其他将领代替他的职位。

不到一年时间，匈奴再次前来进犯，赵兵皆出与之争战，但出战的结果多是失败，丧失了许多土地，边境百姓也无法正常安稳地生活。赵王见边事不利，便想请李牧回来统御北方。这时李牧已经称病在家，不愿出仕，无奈赵王强请硬求，非要他重任边将不可。李牧于是要求必须依照他以前的方法治军，才愿意奉命出马，赵王立刻就答应了。

重做将军的李牧命令手下的士兵遵循以前的做事方法，这让匈奴数年里一无所获，但他们终究还是认为李牧胆小怯懦。防守边塞的将士天天得到赏赐却不用打仗，他们都很希望能和匈奴决一死战，以作为对赏赐的回报。此时，李牧知道军心齐了，就挑选了十多万精兵，并让他们做好战斗准备，然后把城中百姓养的牲畜都赶到城外去。

没多久，就有一小部分匈奴人来犯，李牧先命数千人应战，然后假装不敌，故意败北回营。匈奴首领听说了，便率军大举侵边，这时李牧才率主力迎击，一鼓作气，歼灭了匈奴十多万人马，这让匈奴元气大伤。这时，他们才明白李牧的碌碌无为不过是掩人耳目的假象。从那时起，匈奴人一听见李牧的名字，就闻风而逃，再也不敢来进犯了。

想成就大业，就要有忍耐的精神，凡事不可冒进，不可被自己一时冲动所左右；要想取得最后的胜利，就要分清远近大小和轻重缓急，分配好自己的精力，在该舍的时候要舍，在该忍耐的时候要从长计议，谨慎行事。

回过头来，让我们再看看孟子吧。孟子本身似乎就是一个慢慢腾腾的人，试想，凭他那渊博的学识与才能，应该是出将入相，高官厚禄，风光无限的，但他这位贤才在各诸侯国游历了大半生后却落得个一无所获，两手空空返回了老家，他在仕进之途上的办事效率可实在让人不敢"恭维"。再看看当时的那些纵横家们，他们的效率是孟子无法比的。就拿苏秦来说。苏秦最初游说秦惠王没有成功，那时的样子真是惨不忍睹：衣服破烂、脸色漆黑，面容枯槁，一个人担着自己的行李回到家中。但是后来到了赵国，见到赵王，用连横之策把赵王鼓动得心花怒放，当即就被授予了相位，封为武安君，而且天下各国多数都和赵国联合起来，听从苏秦的指挥。就是这转瞬之间，狼狈不堪的苏秦变身成为了天下声势最为显赫的人。这就是纵横家的效率，取王侯将相之高位，得万镒黄金之巨富，获得天下俯首之权势，易如反掌、速度转瞬。孟子与之相比，真是一个天上一个地下。其实对孟子有所了解的人都知道孟子并非是一位天生慢性子的人，他的慢慢腾腾全是因为在苦苦坚守他的儒家之道、仁政思想，他并不反对名和利，但是他坚决不愿在名利之途上不择手段地突飞猛进。

追求不同，居心各异，以持之以恒之心坚守道义，这就是孟子一生坎坷、仕途不畅的原因。以挖空心思之道去追逐名利，所以苏秦之辈才会骤取高官，显赫一时。

历史上无数事实印证了"其进锐者，其退速"这句话的道理。

懂得舍弃才能得到

【原典】

鱼，我所欲也，熊掌，亦我所欲也，二者不可得兼，舍鱼而取熊掌者也。

——《孟子·告子上》

【古句新解】

鱼是我想得到的，熊掌也是我想得到的，在两者不能同时得到的情况下，我宁愿舍弃鱼而要熊掌。

自我品评

孟子在此为我们阐述了一个道理，就是为人处世要懂得选择和放弃。人生就是一个不断选择、不断舍弃的过程。

人生在世，有许多东西是不愿舍弃的。有既得的，有想要的；有精神的，有物质的；有名利的，有情分的。"难舍"、"割舍"、"舍不得"等词汇，体现了人们面对舍弃时的痛苦和无奈。但是，经验告诉我们，一些东西如果不舍弃，势必成为一种负累。正如印度诗人泰戈尔所说，当鸟翼系上了黄金，鸟儿就飞不远了。勇于舍弃是一种现实需要，善于舍弃是一种处世艺术。有智慧的人都是那些舍得放弃的人，所以他们离成功总是很近很近。

苏格拉底的"如何寻找最大麦穗论"就是教我们如何选择的：在一块麦田里先走上三分之一的路，观察麦穗的长势、大小、分布规律，在随后的三分之一的田地里选定一个较大的，然后从容走完剩下的三分之一的路。即使在这三分之一里面还有更大的麦穗，按照规律来说也不至于令你太过遗憾了，总比一上来就匆匆选定，或者行程快结束了才胡乱抓一个更具有科学性，更能使人心安理得。苏格拉底的"寻找最大麦穗理论"是选择的技巧，也是放弃的智慧。有时候你的目标太多，不妨扔掉一些，这样选择对你而言才会是快乐而不是苦恼的。

一个不成功的人，往往并不是没有目标，而是目标太多。这样的人不懂得放弃那些不切实际的目标，他们什么都想做，但因为精力和时间有限，结果什么都没有做好。在物欲横流的今天，如果不懂得选择，那就意味着你放弃了自己成功的机会。所以，舍弃是必要的，必要的"舍"往往能换来更大的"得"。

2000 年初，一个生意人老李发现了一个赚钱的商机：生产 IP 拨号器。整个机器成本才几十块钱，可是因为是新生事物，所以当时的市场价却高达一千多元。其实，IP 拨号器的技术原理很简单，基本是电话机原理，只不过多了块控制芯片而已。

老李了解到这一行情后，马上行动，买来了数万元的生产调试设备，并招聘了一批技术人员，日夜兼程地设计、生产、调试。很快，产品便推向市场。老李的分析也得到了市场验证，他因此而大赚了一笔。就在别人以为他会立即扩大生产规模时，他却来了个急刹车，放弃了这一生意。他卖掉了设备，辞退了技术人员，转租了厂房。

很多人对此很不理解，有的人甚至说老李是个十足的傻瓜，放弃了这么好的赚钱机会。但只有老李自己最清楚这样做的原因。他清醒地认识到，IP 拨号器是利润超高的产品，竞争对手肯定会纷纷跟进，而且其中好多都是实力雄厚的电话生产厂商和大通信公司。它们一旦介入，自己的产品就毫无优势可言。与其到时候灰溜溜地被别人打败，还不如自己先撤退，所以他明智地选择了放弃。老李的放弃又一次得到了市场的验证。

没有放弃就没有收获，人的精力就那么多，当你把精力放在了势头渐衰的事情上时，自然没有精力去做势头正盛的事情，可想而知，你的人生之路也会随之势头渐衰。

有些人就是不能做到知足知止，贪心不已，他们的人生永远在选择，在追逐更好的东西，以便壮大自己的名望、地位，他们从来就没有想过放弃，放弃那些不足取的东西。因此，他们的人生永无宁静，永无快乐。

没有放弃的勇气和胆识，你就无法比别人看得更远，无法比别人走得更远。我们的时间和精力都是有限的，在一个时间段内，我们也许能做好一件事情，但不可能同时做好几件事情。

著名歌唱家帕瓦罗蒂在回顾自己的成功之路时，曾讲过这样一个故事：他小时候很喜欢唱歌，在这方面也表现出了一定的天赋，但他同时也是一所师范院校的学生，学习成绩也不错。师范毕业时，他很苦恼，是继续学习唱歌呢，还是做一名教师？他想边做教师边用业余时间唱歌。但他父亲说："孩子，如果你想同时坐两把椅子，你只会掉到椅子中间的地上，在生活中，你必须学会放弃一把椅子。"帕瓦罗蒂于是为自己选择了一把"椅子"。他说："选择和放弃是一件痛苦的事情，但却是成功的前提。"

其实，放弃并不一定意味着失去。放弃贪婪，就得到了轻松；放弃痛苦，就得到了快乐；放弃患得患失，就得到了洒脱；放弃阴霾的昨天，就得到了晴朗的今天。

我们很多人常常患得患失，很多时候对自己已经失去作用的事物却一直耿耿于怀，不能放下。其实一旦放下，放眼长空，不仅可以使自己释怀，更多时候还能使他人获益，一举多得。

人生中，必要的放弃不是失败，而是智慧；必要的放弃不是消减，而是升华。人要学会退一步思考，有舍才会有得。所以，我们说必要的"舍"是一种理智，是一种智慧，是一种升华，因为这样的"舍"是一种更高层次的"得"。

莫为懒惰找借口

【原典】

夫人岂以不胜为患哉？弗为耳。

——《孟子·告子下》

【古句新解】

人怎么能用自己力不能及这样的借口而不去做事呢？这只是因为他本来就不愿意去做而已。

自我品评

不能、不会和不想是有很大区别的。"不能"是客观上的原因，"不会"是主观上的原因，而"不想"则是客观上能做而主观上不愿意做，这就是孟子所说的"夫人岂以不胜为患哉？弗为耳"。

每个人都拥有自己的梦想，也能信誓旦旦地表示愿意为梦想而拼搏，甚至不惜牺牲一切，但当真正落实的时候，却往往瞻前顾后、畏缩不前，千方百计为自己的"不想"编织借口。这就是惰性。

人都是有惰性的，而懒惰最常用的伪装就是"没时间"。有时你会听到这样的说辞："等我有空再做。"这句话通常表示"等手上没什么重要的事情时再做"。事实上，永远没有所谓"空"的时间。你可能有

"休闲"时间，却没有"有空"的时间。在休闲的时候，你也许会躺在游泳池边尽情玩乐，但这绝不是"空"的时间——你的每一分钟都很值钱。

凡在事业上有所成就的人，都有一个成功的诀窍：变"闲暇"为"不闲"，也就是不懒惰、不贪逸趣。爱因斯坦曾组织过享有盛名的"奥林比亚科学院"，每晚例会，与会者总是手捧茶杯，边饮茶，边议论，后来相继问世的各种科学创见有不少产生于饮茶之余。据说，茶杯和茶壶已列为英国剑桥大学的一项"独特设备"，以鼓励科学家们充分利用余暇时间，在饮茶时沟通学术思想，交流科技成果。

"闲不住"的人们还在闲暇时间里积极开创自己的"第二职业"。在概率论、解析几何等方面有卓越贡献的费尔马，他的第一职业是法国图卢西城的律师，而数学则是他的"第二职业"。哥白尼的正式职业是大主教秘书和医生，而创立太阳系学说却成为他"第二职业"的研究课题。富兰克林的许多电学成就是在当印刷工人时从事"第二职业"的成果……

"闲不住"的人们还在闲暇时间里虚心向社会上的能人贤者求教。托尔斯泰曾在基辅公路上不耻下问，请教有丰富生活经验的农民。达尔文曾在科学考察途中，拜工人、渔民、教师为师。不甘悠闲，不求闲情，这些已被实干家和科学家视为生活的准则。

在生活中，有各种各样的度过闲暇时间的方式。有人利用闲暇时间博览群书，汲取知识的甘泉；有人利用闲暇时间游历名山大川；有人利用闲暇时间广交朋友，撒下友谊的种子；有人利用闲暇时间进行美术创作，摸索篆刻艺术，构思长篇小说，让思维张开想象的翅膀……

当然，也有一些人的闲暇时间是白白流逝的。他们或堕入"三角"甚至"多角"的情网，或沉溺于一圈又一圈的纸牌"漩涡"，或陶醉于"摩登"、"时髦"的家具摆设，或无聊地徘徊于昏暗的街灯之下。正如智者所说，日常生活中，消磨于极平常的或者接近于没有价值的悲剧为数不少。

事实正是这样，无所事事，进而无事生非所造成的悲剧并不鲜见。研究人员曾多次到监狱进行调查，让 130 名青年犯人回答有关闲暇时间的若干问题。结果有 89% 的人说，他们犯案作科都是在闲暇时间进行的。有 63.9% 的人说，他们人狱前的业余生活是庸俗无聊、低级趣味的，总想寻求刺激，折腾闹事。有 85% 的人说，他们之所以犯罪，基本上是因为在闲暇时间结交了思想落后、品质恶劣的坏朋友。

不可否认，懒惰的人永远都觉得时间不够用，又觉得时间过得好漫长。因为他的懒惰，所以平时不愿意多思考、多学习，到干起活来的时候不是这里不会就是那里不懂，效率当然要比别人慢了很多。别人干完了，他还在那里苦苦地熬。还有一种情况就是接到任务后爱拖沓，把今天的活儿拖到明天，明天的活儿拖到后天，这样的人就是在浪费时间。可是他自己却不这么认为，他把工作时间用在了聊聊天，听听歌上面。当然，工作中是应该有适当的休息，但是不能过分，凡事都要有个度，要在特定的时间做特定的事情。

一般来说，懒惰者的生命表现形式最主要的就是贫穷。"因人懒惰，房顶塌下；因人手懒，房屋滴漏"。

如果你有懒惰的毛病，下面几个建议可以助你成功：

(1) 使用日程安排簿

如果你对何时应做何事心中无数，这个工具有助于你把所有资料很有条理地记录在一个地方。"富兰克林计划簿"、"每日安排簿"和"日程簿"都是极好的工具。

(2) 在家居之外的地方工作

如果你不容易调动自己的积极性，或许说明你需要换个环境了。许多人在家里养成了一套习惯，怎么也摆脱不了。另外一些人，家里使他分心的东西多——电话铃、门铃、家人邻居干扰、电视机、录音机、家务活等等。所以，离开家你或许能专心工作。这也许是你为了能开展工作要做的唯一的自我约束。

(3) 及早开始

有时你会突然意识到因为开始太迟而无法完成当天想做的事。这是最令人失望的。许多人在意识到时间不够而无法做他计划中的事时，干脆把整天一笔勾销，什么都不干。遇到这种情况，最好的解决办法就是养成及早开始的习惯。

"天下没有免费的午餐"。春天播种，秋天才有收获。在生活中，付出的越多，得到的越多。任何一项成就的取得，都是与勤奋分不开的。勤奋是通往成功的必由之路，是打开幸运之门的钥匙。在人生中，一定要有适合自己的明确目标，而且为了实现目标要不懈努力。只有这样，才能克服懒惰，取得成功。

第八章 生于忧患

——孟子这样说挫折

　　挫折是成功的前奏，挫折是生命闪亮的宝石，挫折能激发人的无限潜能。正如孟子所说："故天将降大任于斯人也，必先苦其心志，劳其筋骨，饿其体肤，空乏其身，行拂乱其所为。"孟子还说"生于忧患，死于安乐"，因此，我们的生活需要挫折，所有的成功者有一个共同特点，那就是在挫折中奋起，越挫越勇、百折不挠。

挫折是成功的前奏

【原典】

天将降大任于斯人也，必先苦其心志，劳其筋骨，饿其体肤，空乏其身，行拂乱其所为。

——《孟子·告子下》

【古句新解】

上天要把重要的使命交给一个人的时候，必定会先使他的心志劳苦，使他的筋骨疲劳，使他的饥饿，使他的身体困乏，千方百计为其设置障碍。

自我品评

这是我们每个人都耳熟能详的名句，旨在安慰和鼓励每一个暂时遭遇挫折的人，在逆境中要保持积极乐观的心态，艰苦的环境是锻炼有志者的好时机，挫折是人生必然要经历的，而挫折又是成功的前奏。

在人生中，挫折常常缠绕着我们。在意志薄弱者面前，挫折犹如一道万丈深渊，会使他们一蹶不振；然而在强者面前，挫折将化为动力，使他们走向成功。

南美洲有一种鹰，这种鹰动作敏捷，飞行时快如闪电，被它发现的小动物，一般都难逃一死。这是因为在幼鹰出世不久，便会受到母亲的"残酷"训练，在学习飞行的过程中，它们的翅膀会被折去大部分骨骼，这种鹰的翅膀骨骼有很强的再生能力，只要忍住剧痛，不断振动翅膀，使翅膀不断充血，不久便可痊愈，这样翅膀更加强壮有力。一些雏鹰忍住了剧痛，它们成功地在空中翱翔。

　　鹰是强者，它战胜了挫折，在残酷的生存竞争中占有了一席之地。动物尚且如此，何况我们人呢？

　　成功的路上，有许多事先无法预料的挫折排列着，最后的成功是在能用坚毅的精神、敏锐的眼光，从挫折中汲取营养，从失败中吸收教训，利用它们，向前猛进。

　　回首中华历史，成大事者无一不是从挫折与苦难之中磨炼出来的：挫折是勾践卑事夫差三年，卧薪尝胆，成功是越国灭掉吴国，成就了一代伟业；挫折是司马迁含冤被投入狱中，遭受腐刑，成功是一部《史记》，留传数千载；挫折是剧作家曹禺三次落榜，医梦破灭，成功是《雷雨》、《日出》等作品震撼人心。试问，如果没有挫折，他们都生活在安逸的环境之中，他们都过着平静的生活，他们能否成就辉煌，名垂青史，千古流芳？平静的湖面，练不出精悍的水手，安逸的环境，造就不出时代的伟人，唯有挫折是通往成功的第一条道路。

　　有一个博学的人遇见上帝，他生气地问上帝："我是个博学的人，为什么你不给我成名的机会呢？"上帝无奈地回答："你虽然博学，但样样都只尝试了一点儿，不够深入，用什么去成名呢？"

　　那个人听后便开始苦练钢琴，后来虽然弹得一手好琴却还是没有出名。他又去问上帝："上帝啊！我已经精通了钢琴，为什么您还不给我机会让我出名呢？"

　　上帝摇摇头说："并不是我不给你机会，而是你抓不住机会。第一次我暗中帮助你去参加钢琴比赛，你缺乏信心，第二次缺乏勇气，又怎么能怪我呢？"

　　那人听完上帝的话，又苦练数年，建立了自信心，并且鼓足了勇气去参加比赛。他弹得非常出色，却由于裁判的不公正而被别人占去了成名的机会。

那个人心灰意冷地对上帝说："上帝，这一次我已经尽力了，看来上天注定，我不会出名了。"上帝微笑着对他说："其实你已经快成功了，只需最后一跃。"

"最后一跃？"他瞪大了双眼。

上帝点点头说："你已经得到了成功的入场券——挫折。现在你得到了它，成功便成为挫折给你的礼物。"

这一次那个人牢牢记住上帝的话，他果然成功了。

我们每个人都会面临各种挑战、各种机会、各种挫折，这时候你能承受挫折的能力，就是你未来的命运。成功不是一个海港，而是一次潜伏着许多危险的旅程，人生的赌注就是在这次旅程中要做个赢家，成功永远属于不怕失败的人。

有人将幸福、欢乐比做太阳。那么，我们就可以把不幸、失败、挫折比做月亮。任何人不可能永远生活在阳光下，在生活中从没有失败和挫折是不现实的。挫折是成功的入场券，能使人走向成熟，取得成就，但也可能破坏信心，让人丧失斗志。对于挫折，关键在于你怎么看待。

山里住着一家猎户。父亲是个老猎手，在山里闯荡了几十年，猎获野物无数，走山路如履平地，从未出过事。然而有一天，因下雨路滑，他不小心跌落山崖。

两个儿子把父亲抬回了破旧的老屋，他已经快不行了，弥留之际，他指着墙上挂着的两根绳子，断断续续地对两个儿子说："给你们两个，一人一根。"还没说出用意就咽了气。

掩埋了父亲，兄弟二人继续打猎生活。然而，猎物越来越少，有时出去一天连个野兔都打不回来，俩人的日子艰难地维持着。一天，弟弟与哥哥商量："咱们干点别的吧！"哥哥不同意："咱家祖祖辈辈都是打猎的，还是本本分分地干老本行吧。"

弟弟没听哥哥的话，拿上父亲给他的那根绳子走了。他先是砍柴，用绳子捆起来背到山外换几个钱。后来他发现山里一种漫山遍野的野花很受山外人喜欢，且价钱很高。从此，他不再砍柴，而是每天背一捆野花到山外卖。几年下来，他盖起了自己的新房子。

哥哥依旧住在那间破旧的老屋里，还是干着打猎的营生。由于常常打不到猎物，生活越来越拮据，他整天愁眉苦脸，唉声叹气。一天，弟弟来看哥哥，发现他已经用父亲留给他的那根绳子吊死在房梁上。

"天将降大任于斯人也，必先苦其心志，劳其筋骨，饿其体肤，空乏其身，行拂乱其所为，所以动心忍性，曾益其所不能。"在人生的旅途中，难免要遇到一些挫折，要想有所作为，就不应屈服于命运的安排。不要抱怨，不要消沉，因为挫折能磨炼一个人的意志，挫折能锻炼一个人的品行。挫折是成功的前奏。

相信自我方能战胜挫折

【原典】

养其小者为小人，养其大者为大人。

——《孟子·告子上》

【古句新解】

贪图口腹之欲者是小人；树立远大志向的人是君子。

自我品评

孟子在此强调了做人一定要有远大志向，并且要相信自己一定能够实现自己的理想。在我们的人生中，总有某种东西为生命的憧憬，而自信则是不畏艰难实现这种憧憬的热忱、毅力和决心。自信的人有一个共同的心理品质，就是相信自己生命未来的存在会更有价值，并对自我达到某种目标或实现某种人生境界抱有坚定乐观的态度。

常言道：世上无难事，只怕有心人。没有翻不过的山，没有蹚不过的河，只是因为不相信自己能力的人多了，世界上才有了"困难"这个词。

一般人经常害怕恐惧，害怕被拒绝，害怕失败。为什么害怕？因为觉得自己不够好，因为他人不够喜欢自己。其实，每个人都有优点有缺点，我们没有必要自卑，我们要相信自己，相信自己的聪明才智，相信自己的学识本领，相信自己能大有建树，相信自己能青史留名。这样，我们或许就真的做到了。所以，泰戈尔在其箴言中忠告世人："世界总留点什么给那些对自己抱有信心的人，而有信心的人总能从中使渺小变为伟大，使平庸化为神奇。"

20世纪80年代初，国际市场需要大量润滑油基础油，中国西北一家石油化工公司看准这一行情，耗费大量资金，按照国际标准生产出八种牌号的润滑油基础油，打入国际市场后，名声大振。可是，好景不长，由于国际石油市场竞争激烈，油价下跌。继续坚持出口，公司将要亏损1000万元。面对危机，公司总经理认为，参与国际市场竞争，中国是后起者，在强手如林的情况下，能挤进去很不容易，应该想办法站住脚。如果一遇到风浪就退出来，那么，想再占领市场将会更困难。他决心带领公司从夹缝中冲出去。为此，他亲自到欧美一些国家做市场调查，搜集信息，寻找合作伙伴，开辟新市场。

在美国北部，总经理找到著名的鲁布左尔石油公司国际销售部。他开门见山地对负责人说，希望国际销售部买中国的产品。负责人傲慢地说，你凭什么让我们把别的公司的产品推掉，而买你们的产品？

总经理不卑不亢地列举了公司的三大优势：第一，我们公司的产品有质量保证，产品有很高的信誉；第二，我们可以长期合作，保证长期供货；第三，我们公司有自备码头，保证交货及时，并有良好的服务，产品资料齐备，保证信守合同。除了谈到这三大优势外，总经理还不紧不慢地告诉鲁布左尔石油公司的负责人，美国莫比尔石油公司已经购买了自己公司的产品。

莫比尔石油公司在美国享有盛誉，是世界第六大工业公司。负责人听说莫比尔公司已购买了这家公司的产品，立刻放下架子，同意洽谈生意，并对公司的产品做了质量评定。经检验，润滑油基础油各个细节全部达标。他们很快向世界各国分公司发放了准予购买的许可证。就这样，这家西北石油化工公司开辟出了新的市场，在国际石油市场上占有了一席之地。

然而，在现实生活中，却总有些缺乏自信的人，他们对自我表现出消极、悲观、畏缩倾向，不敢寄希望于自己，更不敢奢望能造就一个理想的自我。更不幸的是，这些人由于还不至于自我沉沦，因而自卑的自我总伴随着一种对自我的愤懑和幽怨，使自我内心世界充塞着痛苦的煎熬。其实，生命永远需要拥有自信。如果我们展示给人的是一种自信、勇毅和无所畏惧的形象，如果我们具有那种震慑人心的自信，那么，我们的事业就可能会获得巨大的成功。

包玉刚就是以一条破船闯大海的成功者，但在当年却曾引起不少人的嘲弄。包玉刚并不在乎别人的怀疑和嘲笑，他相信自己会成功。他抓住有利时机，正确决策，不断发展壮大自己的事业，终于成为雄踞"世界船王"宝座的名人巨富。他所创立的"环球航运集团"，在世界各地设有20多家分公司，曾拥有200多艘载重量超过2000万吨的商船队。他拥有的资产达50亿美元，曾位居香港十大财团的第三位。包玉刚的平地崛起，令世界上许多大企业家为之震惊：他靠一条破船起家，经过无数次惊涛骇浪，渡过一个又一个难关，终于建起了自己的王国，结束了洋人垄断国际航运业的历史。回顾一下他成功的道路，他在困难和挑战面前所表现出的坚定信念，对我们每个人都有很大的启发。

包玉刚不是航运家，他的父辈也没有从事航运业的。中学毕业后，他当过学徒、伙计，后来又学做生意。30岁时曾任上海工商银行的副经理、副行长，并小有名气。31岁时包玉刚随全家迁到香港，他靠父亲仅有的一点资金，从事进口贸易，但生意毫无起色。他拒绝了父亲要他投身房地产的要求，表明了从事航运业的打算，因为航运业竞争激烈，风险极大，亲朋好友纷纷劝阻他，以为他发疯了。

许多人失败的原因，不是因为天时不利，也不是因为能力不济，而是因为自我心虚，对自己没信心，这最终成为自己成功的最大障碍。

但是包玉刚却信心十足，他看好航运业并非异想天开。他根据在从事进出口贸易时获得的信息，坚信海运将会有很大发展前途。经过一番认真分析，他认为香港背靠大陆、通航世界，是商业贸易的集散地，其优越的地理环境有利于从事航运业。37 岁的包玉刚正式决心搞海运，他确信自己能在大海上开创一番事业。于是，他抛开了他所熟悉的银行业、进口贸易，投身于他并不熟悉的航运业，当时，对于他这个穷得连一条旧船也买不起的外行，谁也不肯轻易把钱借给他，人们根本不相信他会成功。他四处借贷，但到处碰壁，尽管钱没借到，但他经营航运的决心却更加坚定了。后来，在一位朋友的帮助下，他终于贷款买来一条 20 年航龄的烧煤旧船。从此，包玉刚就靠这条整修一新的破船，挂帆起锚，跻身于航运业了。

自信是战胜一切的力量源泉，是走向成功的催化剂。有了自信，在遇到挫折时，就能够不灰心、不动摇、不悲观，顽强地和厄运抗争，就有了坚持下去的勇气。自信在我们想要做任何事情上都是必不可少的，一个人最大的不幸莫过于不敢于坚持自己的事业。其实每个人都是优秀的，差距往往就在于是否有自信。

挫折激发人的无限潜能

【原典】

入则无法家拂士，出则无敌国外患者，国恒亡。

——《孟子·告子下》

【古句新解】

在国内如果没有坚持法度的世臣和辅佐君主的贤士，在国外如果没有敌视和外患，这样的国家往往会灭亡。

自我品评

孟子认为，一个国家如果没有了敌对者就容易懈怠，滋长安于享乐的气氛。长此以往，国家会从内部被腐蚀掏空，然后就容易灭亡。在此，孟子强调了敌对者与困境对于治理国家的重要性。其实，这一贤言对于我们同样重要。日常生活中，挫折与困苦能激发人的无限潜能。

19世纪末，美国康乃尔大学做过一次有名的青蛙实验：他们把一只青蛙冷不防丢进煮沸的油锅里，这只青蛙在千钧一发的生死关头突然用尽全力，一下子跃出了那将使它葬身的滚烫的油锅，安全逃生!

半小时后，他们使用同样的锅，在锅里放满冷水，然后把那只死里逃生的青蛙放到锅里，接着他们悄悄在锅底下用火慢慢烧。青蛙悠然地在水中享受"温暖",等它感觉到温度已经受不住了,必须奋力逃命时,却为时已晚,由于乏力而全身瘫软,终于葬身在热锅里。

这个实验给我们揭示了一个残酷无情的事实,当生活的重担压得我们喘不过气,挫折、困难堵住了四面八方的通道时,我们往往能发挥出自己意想不到的潜能,杀出重围,开辟出一条活路。可是在安逸、贪图享乐或是志得意满,维持功名的时候,反倒阴沟里翻船,弄得一败涂地,不可收拾!

人生的一切不正是如此吗?现代生活中,每个人都可能遭遇挫折。面对困难和挫折,许多人常常会痛苦、自卑、怨恨,失去希望和信心。

挫折本身并没有任何意义,只有面对逆境的人内心产生某种压力时,挫折才会变成一种事实。通常情况下,人们所面临的压力包括舆论的压力、精神的压力、竞争的压力及环境的压力等。逆商从某种意义上讲也是测试抗压能力的一种标准。高逆商者抗压能力强,反之,则抗压力能力弱。

成功者不一定具有超常的能力,命运之神也不会给予任何特殊的照顾。相反,几乎所有的成功者都经历过坎坷,都是从不幸的境遇中奋起前行的。在他们看来,压力也就是动力。

著名心理学家贝弗时奇说得好:"人们最出色的工作往往是在处于逆境的情况下做出的。思想上的压力,甚至肉体上的痛苦都可能成为精神上的兴奋剂。很多杰出的伟人都曾遭受过心理上的打击及形形色色的困难。"他还指出:"忍受压力而不气馁,是最终成功的要素。"

有很强的抵抗压力的能力,敢于面对挫折,是高逆商者的表现,也是塑造立体人必修的一课。当压力来临时,应该想到是"摘取成功之果"的机会降临了。

受挫后,如果不善于自我调适,而使心理失衡,不仅影响人的工作、生活,还严重影响人的健康。受挫后如何防止消极结果的产生?现提供几种心理对策。

倾诉法。即将自己的心理痛苦向他人倾诉。适度倾诉,可以将失控力随着语言的倾诉逐步转化出去。倾诉作为一种健康防卫，既无副作用，效果也较好，如果倾诉对象具有较高的学识修养和实践经验，将会对失衡者的心理给以适当抚慰，鼓起奋进的勇气，受挫人会在一番倾诉之后收到意想不到的效果。

优势比较法。就是去想那些比自己受挫更大、困难更多、处境更差的人。通过挫折程度比较，将自己的失控情绪逐步转化为平心静气。其次寻找分析自己没有受挫感的方面，找出自己的优势，强化优势感，从而扩大挫折承受力。认识事物相互转化的辩证法，挫折同样蕴含力量，挫折刺激能激发潜力，正确转化挫折的刺激，才能挖掘自身潜力。

目标法。挫折干扰了自己原有的生活，毁灭了自己原有的目标，重新寻找一个方向，确立一个新的目标，这就是目标法。目标的确立，需要分析思考，这是一个将消极心理转向理智思索的过程。目标一旦确立，犹如心中点亮了一盏明灯，人就会生出调节和支配自己新行动的信念和意志力，从而排除挫折干扰，去努力施行达到目标的行动。目标的确立是人内部意识向外部行为转化的中介，是认识向实践飞跃的起始阶段。目标的确立标志着人已经从心理上走出了挫折，开始下一步争取新的成功的历程。

磨难是一笔生活财富

【原典】

人恒过，然后能改；困于心，衡于虑，而后作。

——《孟子·告子下》

【古句新解】

人常常犯错误，这样以后才会改正；内心忧困，思绪阻塞，然后才能有所作为。

自我品评

孟子在此强调了人生磨炼的重要意义，人只有经历了苦难与挫折的磨炼，才能有所作为。

自从我们来到这个世界上，在漫长的人生历程和生活轨迹中，不可能一帆风顺。古人云："人生逆境十之八九。"雄鹰翱翔天宇，有伤折羽翼之时；骏马奔驰大地，有失蹄断骨之险。人之一生，风和日丽有之，阴雨连绵亦有之。当我们面对磨难，是坦然接受，还是逃避拒绝呢？

一位哲人曾说过："磨难是成功的良伴，逆境是人杰的摇篮。"纵观古今中外，在事业上有所建树，成大器者，都经历过多次的磨难，这样的人不胜枚举。越王勾践卧薪尝胆，身为国君甘为奴隶，忍辱负重，终成灭吴兴越之志；司马迁受尽宫刑，写就《史记》；曹雪芹举家食粥而作《红楼梦》；贝多芬用苦难谱写了震撼人心的《第九交响曲》……这些杰出人物如烈火真金，像是野外小草，遭风雨永不伏，似傲雪寒梅，经磨难志愈坚，最终使生命放出了夺目的光芒。

为什么拿破仑能够突破重重阻力而叱咤风云？为什么海伦·凯勒在双目失明的情况下，心中依然有光明之梦？一个共同之处就是他们都经历过一个又一个的磨难，并且在磨难的打击中迅速成长起来。也正因为如此，伟人们镇定自若，"泰山崩于前而色不变，猛虎趋于后而心不惊"。

某地有一条大河，河的旁边有一个水潭，水潭里有很多鱼，潭边经常聚集着一些钓鱼的年轻人。但是这段时间，他们发现有一个奇怪的渔夫，他在潭边不远的河段里捕鱼，那是一个水流湍急的河段，雪白的浪花翻卷着，一道道的波浪此起彼伏，这是鱼根本不能游稳的河段呀，怎么会捕到鱼呢？年轻人百思不得其解，便觉得这个渔夫很愚蠢可笑。

有一天，有个好事的年轻人终于忍不住了，他放下钓竿去问渔夫："鱼能在这么湍急的地方留住吗？"渔夫说："当然不能了。"年轻人又问："那你怎么能捕到鱼呢？"渔夫笑笑，什么也没说，只是提起他的鱼篓在岸边一倒，顿时倒出一团银光。那一尾尾鱼不仅肥，而且大，一条条在地上翻跳着。年轻人一看就傻了，这么肥这么大的鱼是他们在深潭里从来没有钓上来的。他们在潭里钓到的，多是些很小的鲫鱼和小鲦鱼，而渔夫竟在河水这么湍急的地方捕到这么大的鱼，年轻人愣住了，更加迫不及待地想知道答案。

渔夫笑笑说："潭里风平浪静，所以那些经不起大风大浪的小鱼就自由自在地游荡在潭里，潭水里那些微薄的氧气就足够它们呼吸了。而这些大鱼就不行了，它们需要水里有更多的氧气，没办法，它们就只有拼命游到有浪花的地方。浪越大，水里的氧气就越多，大鱼也就越多。"

在常人的意识中，风大浪大的地方是不适合鱼生存的，所以故事中的年轻人捕鱼会选择风平浪静的深潭。但他们恰恰想错了，一条没风没浪的小河是不会有大鱼的，而大风大浪恰恰是鱼长大长肥的条件之一。大风大浪看似是鱼儿们的苦难，实际上恰是这些苦难使鱼儿们茁壮成长。

"宝剑锋从磨砺出，梅花香自苦寒来。"磨难就是财富，"盖西伯拘而演周易；仲尼厄而作春秋；屈原放逐，乃赋离骚；左丘失明，厥有国语；孙子膑脚，兵法修列；不韦迁蜀，世传吕览；韩非囚秦，说难、孤愤。诗三百篇，大抵贤圣发愤之所为作也。此皆人意有郁结，不得通其道，故述往事，思来者。"

安逸舒适的环境容易消磨人的意志，最终导致人一无所成。接受命运的挑战是我们磨炼自己、施展抱负、实现梦想的最佳方法。

张海迪在轮椅上完成了一部外国名著《海边诊所》的翻译；贝多芬丧失听力后，写出了传世的《命运交响曲》；陈景润在极其困难的环境中，完成了哥德巴赫猜想的论证。他们用自己的亲身经历，唤醒了每一位对生活失去信心的人；他们用自己的奋斗经历，谱写了拼搏人生、战胜宿命的凯歌。

李嘉诚曾经的亚洲首富不是凭空杜撰的；比尔·盖茨的几百亿美元不是美国的海风吹来的。他们都经过了生活的历练，都经过了不如意的侵扰。在漫长的忍耐中，厚积薄发，最后一鸣惊人。

比尔·盖茨刚刚离开哈佛大学与保罗·艾伦一起经营微软之初，处处不如意。因为公司很小，BASIC 的发明并未引起人们的注意，当时的 IBM 与苹果公司甚至不屑于与可怜的微软合作。这些不如意都没能让比尔·盖茨困惑，他在忍耐中不断探求。终于，在 Windows95 推出后，比尔·盖茨让世界上的人认识了自己！

商业本身就充满了各种不确定因素，因此磨难必不可免，纵观千古成功的商人，忍耐几乎是必不可少的，经历过痛苦的磨炼，财运才会随之而来。如果只是争硬气、好面子，不懂得忍耐之道，不知晓伸缩之理，那么，你将会一无所获。

事理相通，商场的忍耐推而广之，就是成功之道。磨难并不可怕，关键看你能否忍耐，是否有一颗"隐忍"的心。

人生不可能一帆风顺，机会也不会总顺风而来，蕴藏在逆境中的机会有时更加巨大，足以改变人的一生，所以，对于逆境也应该抱着一种忍耐的态度。磨难虽苦，但却可以化为人生的财富。

挫折是生命中闪亮的宝石

【原典】

生于忧患而死于安乐也。

——《孟子·告子下》

【古句新解】

忧患可以使人谋求生存，而安乐必将导致灭亡。

自我品评

几千年来，孟子的这句"生于忧患，死于安乐"一直被人们当做警世格言，用来激励自己积极向上。孟子在此再次强调了挫折在人生过程中的重要意义。

挫折是坏事，人人不想拥有之。但正确看待挫折带来的压力，这种挫折就会成为激励人才的极其可贵的动力。人有了压力，有所追求，才有前进的动力，保有克服困难、挫折的勇力，勇往直前，不断取得新的成绩。

挫折，从某种意义上说也是一种挑战。既然有挑战，那么就应该有应战，有应战的精神，这样才会转败为胜。

端木先生是一位汽车推销员。他为人诚恳，勤快机智，这些都是从事销售行业所必需的条件。由于他工作上非常努力，生意很火爆。有时候，他真的希望事业能够永远这样辉煌。

可是命运向他宣战了。端木先生在驾车拜访客户的路上，与迎面疾驰而来的汽车相撞，他的右眼永久地失明了，无奈之下，他只有退出了销售汽车的行业。

但是，端木先生并没有向命运低头，他仍在想着战胜困难的策略。有一天，他在一本杂志上看到许多人喜欢修复老旧的房屋，于是灵机一动，想出了一个好主意。他曾经在职业学校上学，木工和家具制造这两门课非常优异，他想如果把自己的木工技能应用到修缮房屋上，一定可以赚到供自己所需的钱。

在做这一切之前，他请职业学校为他开了一封介绍信，又麻烦以前的顾客为他写了一份推荐书，证明自己工作认真且为人可靠。因为大家对端木先生的印象一直都很好，所以都非常愿意为他做这些事情。端木还印制了新的商业名片，分送给木匠和木材经销商，并在当地的旧城区做宣传，让人们都知道他是修葺房屋的。

现在，端木先生的公司已经家喻户晓了，生意很好。他说："以前我是做汽车销售的，命运改变了我的生活，但是我相信自己一定会战胜命运。"

伟大的人格只有经历磨难与熔炼，才会激发自身的潜力，使视野更加开阔，使灵魂得到升华，才会走向成功。一个可以吃常人不能吃的苦的人，必然可以做常人不能做的事。

可口可乐的总裁古滋·维塔是一个古巴人，40年前他随家人离开古巴，来到了美国。当时身上仅带了40美元和100股可口可乐的股票。而40年后，同样是这个古巴人，竟然能够领导可口可乐公司，而且让这家公司在他退休时扩大了7倍，使可口可乐股票市值涨了30倍！他在总结自己的人生经历时，说了这样一句话："一个人即使走进了绝境，只要你有坚定的信念，抱着必胜的决心，你仍然还有成功的可能！"古滋·维塔的一生经历了很多坎坷，但都被他一次又一次地超越了。

挫折会给人以打击，但若在打击中沉沦，难免与向往成功的目标不符。不在沉默中爆发就在沉默中消亡；同样，不在挫折中奋勇前行，就在挫折中沉沦苦海。

一个女孩出生后不久就被父母送给别人领养了。15岁的时候，好赌成性的养父决定把她卖掉，就在要被送人的时候，她偷偷地逃出了家，离开养父母只身到了台湾。

她没什么学历、甚至一无所有。但她不想受命运的摆布，她知道命运应该是握在自己手里的。于是她给人打零工、织毛衣，自己摆水果摊、卖鱼、开小吃店……尝尽了人间的辛酸，也赚到了很多钱。

如今的她已经是50多岁的妇人了，是一家著名企业年薪千万的职员。在提及过去的那段岁月时，她常对别人说："我的挫折感早在年轻时都用光了！"这句话让人十分震撼。她不畏惧跌倒失败，只是脚踏实地、积极乐观地工作，因为"挫折感早在年轻时都用光了"。

鲁迅说过："伟大的胸怀应该表现出这样的气概——用笑脸来迎接悲惨的命运，用百倍的勇气来应付一切的不幸。"在挫折面前，我们不要浪费时间去为已经无法改变的事实担忧，因为忧愁不能解决任何问题。最重要的是分析情况并找出解决的办法。况且任何事情都不是一成不变的，它会随着时间的推移而变化，明白这些，你就会变得乐观起来。

挫折不可避免。对于既成事实，我们所能做的是"接受不能改变的，改变可以改变的"。客观事实无法改变，对于挫折只能去面对，并在面对中得到超越，这是克服挫折，提高自我的关键前提。

1. 原谅自己一时的失误

很多时候人们在自以为万事大吉的时候，难免就会出现一些小差错，造成失败。这样的事情是很常见的，对于自己的失误，我们不应该过多地去懊悔，争取下次做得更好就可以了，过分追究反而会适得其反。

2. 从挫折中重新认识自己

很多人在遭受挫折之后，总是先去想自己为什么这么不幸，而不去想为什么会出现这样的问题，结果类似的问题还会发生。挫折的产生往往会暴露出我们自身的一些问题，这样更有利于我们认清自己。所以我们应该善于重新审视自己，查漏补缺，不断提高。

持之以恒，善始善终

【原典】

有为者辟若掘井，掘井九仞而不及泉，犹为弃井也。

——《孟子·尽心上》

【古句新解】

做一件事情好像挖井，如果挖井挖到六七丈深还不见泉水的话，仍然是一口废井。

自我品评

孟子认为，做一件事情犹如挖井，如果挖井挖到七丈深，还不见泉水的话，仍然是一口废井。这句话旨在告诫人们，做事要坚持到底，要持之以恒，不可半途而废。

不断进取可以弥补一个人的许多不足之处，观察一下你的周围，最富有的人往往并不是最聪明、知识最渊博，或者最有艺术细胞的人，却往往是持之以恒、埋头苦干、一个有目标并致力于此的人。他"精明"的朋友们可能会认为他愚蠢到了不知何时止步的程度。然而，最终的结果是，他积累起来的财富远远超过了他"精明"的朋友们。

有许多人在开始做事的时候总是充满热忱，但因为缺乏坚韧与毅力，不待做完便半途而废。做任何事情往往都是开头不容易而且坚持更难，所以不能看他所做事情的多少，而是要看他最终的成就有多少。例如在赛跑的时候，裁判并不计算选手在跑道上出发时候速度有多快，而是计算跑到终点所用时间的先后次序。

克雷吉夫人说过："美国人成功的秘诀，就是不怕失败。他们在事业上竭尽全力，毫不顾及失败，即使失败也会卷土重来，并立下比以前更坚韧的决心，努力奋斗直至成功。"

坚韧、勇敢，是大人物的特征。没有坚韧勇敢的品质，是不能抓住机会、不敢冒险的，他们一遇到困难，便会自动退缩；一获小小的成就，便会满足。

有些人遇到了一次失败，便把这看成滑铁卢，从此失去了勇气，一蹶不振。可是，在刚强坚毅者的眼中，却永远没有所谓的滑铁卢。那些一心想取得成功、立志要胜利的人即使失败了，也不以一时的失败为最后的结局，他们还会继续奋斗。

拿破仑 16 岁时，当上了少尉。但是就在这一年，他的父亲去世了，他受到了很大的打击。他不得不从他那本来就少得可怜的薪水中抽出一部分来养活他的母亲。

拿破仑第一次接受军事任务的时候，他必须徒步走很远的路程到瓦伦斯区加入他的队伍。等到他赶到部队的时候，他的同伴们正在利用空闲时间追求女人们和赌博。他那不受女人欢迎的性格，使得他没有资格去追求那些女人，而他的贫困也使得他失掉了后面这个位置。于是他改变了方针，用埋头读书的方法，去努力和他们竞争。读书是和呼吸一样自由不受限制的事情，而且当时他们在图书馆享有免费借书的权利，这使得他得到了很大的收获。

拿破仑下定决心要干一番事业，他要向世界表明他有什么样的才能，在选择图书的类别上，他就以这种决心为引导。当时，他住在一个狭小而且封闭的房间里，孤寂、闷热，但是他从来也没有停止过奋斗。

几年的苦读，拿破仑做了大量的读书笔记。他把自己想象成一个总司令，将科西嘉岛的地图描绘出来，并在地图上标明了哪些地方应当布置军队。所有的一切他都用数学方法进行了精确的计算。因此，他的数学才能也得到了很好的发展。

拿破仑的长官得知拿破仑很有学问，便派他到操场做一些需要复杂计算的工作。他把这一工作做得漂亮极了，于是他又有了别的机会。在他以及全世界还不知道将来会变成怎样的情形之前，拿破仑已经走在成功大道上了。

从此，一切情形随之改变。从前嘲笑他的人，现在都围到他的身边来，想分得一点他的奖金；从前轻视他的人，现在都希望成为他的朋友；从前蔑视他矮小、无用、死用功的人，现在都变得尊重他了，他们都变成他忠诚的拥戴者。

对于自己的成功，拿破仑说："达到目标只有两种途径：势力和毅力，势力只有少数人拥有，但是毅力，坚韧不拔的毅力却是大多数人都可以实行的。它沉默的力量随着时间的发展而最终无法抵抗。"

有一位推销员，在为公司推销日常用品。有一天，他走进一家小商店，正准备推销日用品，这时候店主正在忙着扫地，他便热情地伸出手，向店主介绍和展示公司的产品。但是，店主却明显地表现出冷淡，毫无反应地扫着地。

推销员一点也不气馁，他又主动地打开所有的样品向店主推销，他自信地认为，凭着自己的努力和他所掌握的营销技巧一定会说服店主购买他的产品。然而，出乎意料的是，那位店主却突然暴跳如雷，并用扫帚把他赶出了店门。

推销员很是纳闷，但是他仍然没有放弃，他决心要查出这个店主暴跳如雷的原因。于是，他就去询问其他的推销员，了解那个店主的情况。原来，由于他的前任推销员的失误，使得那位店主存货过多。积压了大量的旧货，占用了大量的资金。

这位推销员找到了问题的症结，他开始疏通各种渠道，重新做了安排，请求一位较大的客户以成本的价格买下那位店主的存货。不用说，这位推销员自然受到了店主的热烈欢迎。这个推销员凭借自己坚韧不拔的精神，坚持不断地寻找突破逆境的途径，终于赢得了最后的胜利。

俗话说"行百里者半九十"，凡事往往越是到了临门一脚，越是艰难，因此即使走到了九十里路的地方，也要当作刚刚走了一半，这样才会感觉剩下的十里路不太艰难，否则，这十里路走得会比前面任何一个十里路更加艰苦、更加漫长。若能坚持到最后一秒，就必胜无疑，若稍有畏惧或松懈，必然前功尽弃，导致失败，"犹为废井也"。

人生也像打井一样，七丈多深仍未打出水来，并不说明无水，可能再加把劲儿，再打深那么一点点，可能是几尺，甚至几寸，水就会打出来了。如果中途放弃，以前各个阶段的种种努力，也因为最后阶段的不成功而付诸东流了，自己就不能算一个"有为者"。

坚持到底就是胜利

【原典】

虽有天下易生之物也，一日暴之，十日寒之。未有能生者也。

——《孟子·告子上》

【古句新解】

纵使有天下最容易生长的东西，如果你晒它一天，再冻它十天，就不会生长发芽了。

自我品评

"一日暴之，十日寒之"的意思也就是俗话所说的"三天打鱼，两天晒网"。在这里，孟子再次强调了坚持的重要性。

人生在世，贵在坚持。谁能坚持到底，谁便能取胜。许多伟大的成就都是坚持和等待的结晶。只要你能坚持一天，胜利的希望就会增多一分。

人生是一个发现困难并且解决困难的过程，这个过程时而短暂、时而漫长。而当你面对这些不利境况的时候，唯一能做的就是坚持——挺过生命的低谷期，挺过走投无路的艰难期；唯有坚持，才能让你看到"柳暗花明又一村"的精彩。

生活中渴望成功的人很多，真正成功的人却很少。对于失败者来说，他们并不是没有机会，也并不是没有资本，他们缺乏的往往是成功最需要的坚持，因此他们输掉了人生。

某年，一个园艺所贴出一则启事，重金征求纯白金盏花，这在当地一时引起轰动，高额的奖金让许多人趋之若鹜。但在千姿百态的自然界中，金盏花除了金色的就是棕色的，能培植出白色的，不是一件易事。所以许多人一阵热血沸腾之后，就把那则启事抛到九霄云外去了。

一晃20年过去了，一天，那家园艺所意外地收到了一封热情的应征信和1粒纯白金盏花的种子。当天，这件事就不胫而走，引起轩然大波。

寄种子的原来是一个年逾古稀的老人。老人是一个地地道道的爱花人，当她20年前偶然看到那则启事后，便怦然心动。她不顾儿女的一致反对，义无反顾地干了下去。她撒下了一些最普通的种子，精心侍弄。一年之后，金盏花开了，她从那些金色的、棕色的花中挑选了一朵颜色最淡的，任其自然枯萎，以取得最好的种子。次年，她又把它种下去，然后，再从这些花中挑选出颜色更淡的花的种子栽种……日复一日，年复一年。

终于，在20年后的一天，她在那片花园中看到一朵金盏花，它不是近乎白色，也并非类似白色，而是如银如雪的白。于是，一个连专家都解决不了的问题，在一个不懂遗传学的老人长期的努力下，最终迎刃而解。

著名诗人里尔克曾说过："有何胜利可言，坚持便是一切。"是的，只要坚持便能拥有一切。人生就好比一场拳击比赛，充满了躲闪与出拳，如果足够幸运，只需一次机会、一记重拳而已，但首要的条件是你必须得顽强地站着，这就是坚持。

可以肯定，几乎没有人可以让罗斯福夫人轻易改变决定，但是有一个人却做到了，而他只是一个名不见经传的普通人。

20 世纪 40 年代，一个名叫约翰逊的人创办了《黑人文摘》，创立之初，它的前景并不被看好。约翰逊为了扩大该杂志的发行量，积极地准备做一些宣传。

于是他决定组织撰写一系列"假如我是黑人"的文章，他想，如果能请罗斯福总统夫人埃莉诺来写这样一篇文章就最好不过了。于是约翰逊便给她写去了一封非常诚恳的信。

信寄出不久，约翰逊便收到了罗斯福夫人的回信，但是信中说，她太忙，没时间写这篇文章。但是约翰逊并没有因此而气馁，他又给她写去了一封信，但她回信还是说太忙。约翰逊并未退缩，他想也许罗斯福夫人真的很忙，但是她总应该有点时间为我写这篇文章，即使她只有一个小时的时间，我想这就足够了。以后，每隔半个月，约翰逊就会准时给罗斯福夫人写去一封信，言辞也愈加恳切。

功夫不负有心人，不久，罗斯福夫人因公事来到约翰逊所在的芝加哥市，并准备在该市逗留两日。约翰逊得此消息，喜出望外，他知道机会已经来到。他立即给总统夫人发了一份电报，非常诚恳地请求她趁在芝加哥逗留的时间里，给《黑人文摘》写那样一篇文章。

罗斯福夫人收到电报后，没有再拒绝。她觉得，无论多忙，她再也不能说"不"了，如果再说"不"的话，她自己都会感到不好意思。因为面对这样一个诚恳又坚持到底的人，她觉得她有必要为他写这篇文章。

罗斯福夫人的这篇文章发表之后，《黑人文摘》杂志在一个月内，发行量从 2 万份增加到了 15 万份。后来，他又出版了黑人系列杂志，并开始经营书籍出版、广播电台、妇女化妆品等事业，终于成为闻名全球的富豪。

打败我们的往往不是别人，而恰恰是我们自己。我们缺乏坚持一下的勇气，也就因此远离了本可以实现的成功目标。

球王贝利说，"下一个球是我最满意的。"也正是因为此，他创造出许多奇迹。所以说，当我们也有勇气相信下一刻永远最好的时候，未来就属于我们了。再拼一次，再坚持一下，一切都会变好。

朋友，如果你在万米长跑，当即将跑完全程，筋疲力尽之际，请再坚持一会儿，因为胜利就在前方向你招手；如果你在挑战难题，当你百思不得其解，即将放弃之际，请再坚持一会儿，或许就在那一刹，你会豁然开朗，茅塞顿开；如果你在逆境中奋斗，陷于泥潭进退两难之际，请再坚持一会儿，挺一挺，搏一搏，走过去前面就是一个艳阳天。因此，我们应始终记住：成功就在于多坚持一会儿。

志存高远，追求卓越

【原典】

圣人，与我同类者。

——《孟子·告子上》

【古句新解】

圣人，与我是同类的。

自我品评

在此，孟子为我们阐述了成为"圣人"的捷径，那就是敢想敢做敢打拼。其实，圣人并没有什么特殊之处，他们与我们是一样的，只要你内心想成为圣人，并在实践中付诸行动，努力追求，就能达到。生活中，我们每个人都要有成为"圣人"的志向，要有远大的目标。

正所谓心有多大，舞台就有多大；志有多高，路就有多远！

燕雀看见高飞的鸿鹄，不解地问："这里有吃有喝的，为什么不停下来享受，还要去面对狂风暴雨的袭击呢？"

鸿鹄淡然地一笑，回答说："你们安乐于蓬草之间，而我的目标却是在远方更为广阔的天地。安于享乐，没有高远的志向，只会让自己放弃远大的前程，失去追求的目标。"

同样的道理，作为一名优秀的管理者，树立远大的目标是必需的。否则一旦失去了对美好未来的追求，他就会安于现状，失去了工作的激情，更不会再拥有任何的上进心，最终成为一个没有远大抱负的平庸之人。

微软的一位主管和微软总裁比尔·盖茨在主持面试的时候，同时有三个应征者脱颖而出。最后，主管问他们："进微软以后，你们有什么打算？"

第一个人说："能进这么优秀的企业工作是我的荣幸，我将尽全力做好自己的本职工作，争取把分内的一切事情做到最好。"主管赞许地点了点头。

第二个人说："不瞒您说，我感觉自己的压力很大，微软是一个优秀人才聚集的地方，如果我能有幸进入的话，我希望适应的这一段时期内不要犯什么错就好。"

第三个人则说："每个人都希望有发挥自己才能的舞台，而微软，正是一个发挥能力的好舞台，我希望能把任何一份工作都当成一个学习和积累的机会，最终成就一番大事业！"

比尔·盖茨笑着问："那么，你所说的事业，是指什么呢，先生？"

那位应试者说："和您一样，先生。"前两位面试者当中有一位是第三位面试者的朋友，他拼命地给第三个面试者使眼色。

没想到，比尔·盖茨说："好，心有多大，舞台就有多大，既然你有雄心，我愿意为你提供这个表现自己的大舞台。"

事后，人事主管不解地问比尔·盖茨："那个人要么是个空想家，要么是个狂妄自大的家伙，即使他真的有才能，从他说的话来看，他将来即使是成功了，也不会再留在公司，为公司所用，为什么还要录取他呢？"

比尔·盖茨说："一个人能否取得成就，与他的志向有着直接的关系，一个没有大志向的人，即使再有才能，也不可能取得大的成绩，因为他的人生目标早已被他的鼠目寸光给羁绊住了。也许像你担心的那样，他将来有所成就的时候可能会离开微软，可是他为公司创造的利润将会比任何普通员工都大。这对我们而言，并没有失去什么。"

果然不出比尔·盖茨所料，微软在录取了这三个人之后，前两个人工作都兢兢业业，成为了合格的员工，而最后一个人则工作出色，很快就进入了公司的管理层，为微软的发展作出了很大贡献。

人生就好像爬山，最重要的是先给自己定一个高度，如果你只把自己的人生目标定在半山腰，那么你就绝对不可能爬上荣誉的顶峰。

世界500强企业之一的美国国际贸易公司的CEO詹姆斯从业之初只是一个小职员，没有任何家庭或者社会背景，当他回忆自己的成长历程的时候说："当时我只是一个穷小子，根本就没想过会成为一家国际企业的管理者，更没想到有一天自己会坐到今天这个位子。我只是在想着如何能解决自己的温饱，一次偶然的事件让我改变了想法。"

那时候，詹姆斯还在一家不出名公司里当推销员，一次他为了推销一种杀虫剂，敲开了一个老人的家门。老人一个人孤独地住在一套房子里，出于同情，詹姆斯此后经常过来和老人聊天，很快，两人就成了无话不谈的朋友。

原来，老人竟然是沉船打捞业内最著名的潜水员之一——杰斯·瑞尔，老人谈起了自己以前的一些经历，其中有一段话让詹姆斯感受颇深。

老人说："海底打捞是一个看起来很渺茫的工作，你根本不了解你要去的地方是哪里，在那里你又会碰到什么，你也不知道你今天到底要潜到什么深度，这一切的一切都是未知的。"

詹姆斯问："那么您又是怎么坚持了这么多年呢？"

老人说："是志向，我的朋友。我的志向就是要把那些沉睡在海底的宝藏和无尽的秘密展示到众人的面前，一想到这个，我就会热血沸腾。广阔的海底世界，成了我一个人的舞台，其中的任何东西都成了我的道具，而我是真正的主演，正是这种颇有成就的自豪感，支撑着我一直从事这项事业，并取得了不少成功。"

老人拿出很多他以前打捞出来的沉船照片给詹姆斯看，脸上洋溢着无限的幸福。

经过这件事情以后，詹姆斯彻底抛弃了以前只为满足温饱问题的人生目的，把成为世界上最优秀的管理者作为自己人生的目标，他说，他也要拥有一个广阔的舞台———一个能展现自我的舞台！

后来，成功以后的詹姆斯在回答记者提问时，这样说："当我认定了自己要做一个什么样的人以后，以前一直困扰我的许多问题都迎刃而解了，原来压抑、沉闷的心情也一扫而空，就好像在很远的地方亮起了一盏灯，原来你不知道自己该往哪走，而现在，虽然你离那盏灯还很远，可是至少你不会迷失方向了！"停顿了一下，詹姆斯继续自豪地说，"这种感觉就好像是你原来站在漆黑的舞台上，根本就不敢动，然后所有的灯一下子全都打开了，你可以清楚地看到周围的一切，你可以尽你的才华进行表演了。"

作为 21 世纪的新一代，就要让自己拥有一颗高远的心，勇敢地去追求自己的目标，在广阔的舞台——职场上点亮自己理想的明灯，尽情地挥洒自己的才华，最终将获得经久不息的喝彩与掌声。